德国法导论

吉尔伯特·H·高尼希 / 汉斯-戴特莱福·霍恩（主编）

德国法导论

特为国际学生撰写

原著：卡罗琳·高尼希 / 康丝坦茨·霍恩
翻译：郑昊 / 朱海迷

Bibliografische Information der Deutschen Nationalbibliothek
Die Deutsche Nationalbibliothek verzeichnet diese Publikation
in der Deutschen Nationalbibliografie; detaillierte bibliografische
Daten sind im Internet über http://dnb.d-nb.de abrufbar.

Umschlagabbildungen:
© psdesign1 / Fotolia.com.
© Regormark / Fotolia.com.

ISBN 978-3-631-67927-2 (Print)
E-ISBN 978-3-653-07124-5 (E-PDF)
E-ISBN 978-3-631-69521-0 (EPUB)
E-ISBN 978-3-631-69522-7 (MOBI)
DOI 10.3726/978-3-653-07124-5

© Peter Lang GmbH
Internationaler Verlag der Wissenschaften
Frankfurt am Main 2016
Alle Rechte vorbehalten.
PL Academic Research ist ein Imprint der Peter Lang GmbH.

Peter Lang – Frankfurt am Main · Bern · Bruxelles · New York ·
Oxford · Warszawa · Wien

Das Werk einschließlich aller seiner Teile ist urheberrechtlich
geschützt. Jede Verwertung außerhalb der engen Grenzen des
Urheberrechtsgesetzes ist ohne Zustimmung des Verlages
unzulässig und strafbar. Das gilt insbesondere für
Vervielfältigungen, Übersetzungen, Mikroverfilmungen und die
Einspeicherung und Verarbeitung in elektronischen Systemen.

Diese Publikation wurde begutachtet.

www.peterlang.com

前言

本书旨在为研习德国法的外国学生提供一种对于德国法律体系的总览性认识。德国法的原生语言当然是德语，因此，学习德国法也要求具备足够的德语知识，而这往往就为其他语言背景的学习者增加了额外的困难。为了给他们提供便利，本书不仅以德语形式出版，还在保持内容不变的情况下提供了多语言版本，其中以中文与俄文为第一批。

德国法理论在传统上被划分为三个领域，即公法、民法与刑法。面对纷繁复杂的德国法律制度，本书将着重以尽可能平易明晰的方式对这三个领域的基础概论均进行具体的讲解，从而使读者能够认识并理解德国法精义与要点。同时，亦应重视对书中提及的法律规范之条文的查阅。

公法是规定国家机构及国家与公民之间关系的法律领域。居于该领域中心地位的是国家法与宪法。在德国基本法中，它们决定着德国自由民主的基本制度中的基本决断与基本准则。由于宪法在整个德国法的位阶体系中享有统摄所有其他法律规范的最高地位，因此，该领域将在本书中得到较为详尽的阐释。行政法是同属于该领域并居于宪法之下的法律规范，它对国家的组织建构以及国家和公民之间的法律关系——例如通过警察法——作出了更细致的规定。最后，国际法与欧盟法也属于公法领域，它们以特有的而且各异的方式和程度影响着德国法。本书同样对欧盟法进行了基础性介绍。

与此相对，民法规定了公民与公民（私人与私人）之间的法律关系。该领域的核心是包含了总则、债权法、物权法、家庭法与继承法的德国民法典，此外还有劳动法、商法、公司法等其他子领域。因民法的涵盖主题范围之广、所涉各个领域之多样而独特，所以它在本书中也将占据较大的篇幅。

基于对公共利益的维护，刑法通过刑罚这种特殊手段保护个人法益和社会价值免遭侵害。应受刑罚处罚的犯罪行为（包括重罪与轻罪）主要由德国刑法典和刑事单行法加以规定。本书将阐述刑事犯罪的本质特征、属性和形态，以及一些重要的个罪构成要件。

我们希望，这样的总览能够提供一个富有助益的德国法入门。从这种意义上来说，我们也期望这本书完成它的使命，从而唤起读者进一步研习德意志联邦共和国法律的兴趣，并帮助读者早日进入到更深的领域中。

本书的构想与初稿形成于两位作者共同于中国南京财经大学访学期间。

吉森 / 法兰克福，2016年3月

卡罗琳·高尼希，康丝坦茨·霍恩

目录

第一部分 公法 21
第一编 宪法 21
第一章 宪法及其原则 21
第一节 宪法的概念 21
第二节 德国基本法 22
第三节 宪法基本原则 23
一、 共和制 23
二、 民主 23
三、 法治国 24
四、 联邦制 26
五、 社会国家 27
六、 政党 27
第二章 国家组织法 28
第一节 联邦与州的关系 28
一、 一致性 28
二、 立法权限 29
三、 行政权限 29
四、 司法权限 30
第二节 最高联邦机构 30
一、 联邦议院 30
（一） 联邦议院的任务 31
（二） 联邦议院选举 32
1. 选举权 32
2. 选举制度 33
（三） 议员 33
二、 联邦政府与联邦总理 34
三、 联邦参议院 35
四、 联邦总统 36
五、 联邦宪法法院 37
第三节 联邦立法程序 38

第三章 基本权 ... 40
第一节 先于国家的基本权基础 ... 40
第二节 基本权的法律效力 ... 41
一、主观权利效力 ... 41
（一）防御权 ... 41
（二）参与权 ... 41
（三）分享权和给付请求权 ... 41
（四）国家保护义务履行请求权 ... 42
二、客观法律效力 ... 42
（一）客观价值秩序 ... 42
（二）辐射效力和保护义务 ... 43
（三）制度保障 ... 43
第三节 基本权约束力 ... 43
第四节 基本权的保障范围 ... 44
一、主体保障范围 ... 44
（一）个人 ... 44
（二）法人 ... 45
二、实体保障范围 ... 46
第五节 对基本权保护的干预 ... 46
第六节 对基本权的限制 ... 47
一、法律保留 ... 47
二、基本权法律保留 ... 47
三、宪法直接限制 ... 47
第七节 对基本权限制的限制 ... 48
一、比例原则 ... 48
二、可行性协调原则 ... 49
三、本质内容保障 ... 49
第八节 基本权特别保障 ... 49
第九节 核心基本权概览 ... 50
一、人的尊严的不可侵犯性 ... 50
二、一般行动自由、生命与身体不受侵害权、人身自由 ... 51
三、平等 ... 52

四、宗教自由 52
　　　五、言论表达自由、信息、新闻出版、
　　　　　广播和影视自由 52
　　　六、集会自由 53
　　　七、职业自由 53
　　　八、财产权 53

第二编　行政法 54
第一章　一般行政法 54
　第一节　行政合法性 54
　　　一、法律优先与法律保留 54
　　　二、羁束行政与裁量行政 55
　　　三、比例原则 56
　第二节　行政行为的法律形式 56
　第三节　行政处分 57
　　　一、定义 57
　　　二、种类 57
　　　三、有效性、可撤销性、存续力和强制执行力 57
　　　四、形式、确定性与理由 58
　　　五、附款 58
　　　六、行政机关废除行政处分（撤销、终止） 58
第二章　特别行政法 59
　第一节　一般警察与秩序法 59
　　　一、警察任务 59
　　　二、一般危险防卫任务 60
　　　三、危险防卫的具体措施 60
　　　四、妨害人与无责任人 61
　　　　　（一）妨害人 61
　　　　　（二）非妨害人 61
　　　五、决定裁量与选择裁量 62
　　　六、合比例性 62
　　　七、强制手段 63
　　　　　（一）前提 63
　　　　　（二）强制手段的种类 63

9

    八、 赔偿请求权 64
    九、 警察的费用与补偿诉求 64
  第二节 公共建设法 64
    一、 建设规划法 65
    二、 建设秩序法 66
    三、 空间规划法 67
  第三节 地方自治法 67
    一、 乡镇的法律能力 67
    二、 乡镇的自治行政权 68
    三、 乡镇的民主机构 69
    四、 对乡镇的国家监管 69
  第四节 社会法 70
    一、 社会法的目的 70
    二、 三大支柱模式 70

第二部分 民法 73
第一章 总则（民法典第一编） 73
  第一节 权利能力 73
  第二节 行为能力 74
  第三节 法律行为 74
  第四节 意思表示 74
    一、 构成要件 74
    二、 生效 75
  第五节 请求权 75
  第六节 合同 76
    一、 概念 76
    二、 代理 77
    三、 撤销 78
    四、 消灭时效 79
第二章 债法（民法典第二编） 80
  第一节 债的关系 80
  第二节 给付障碍与损害赔偿 80

一、替代给付的损害赔偿 80
　　　　　（一）　不履行和瑕疵给付 80
　　　　　（二）　保护义务的违反 81
　　　　　（三）　履行不能 81
　　　二、迟延损害 81
　　　三、与履行并存的损害赔偿 82
　第三节　给付障碍与合同解除 82
　第四节　几种合同之债 83
　　　一、买卖合同 83
　　　二、使用租赁合同 84
　　　三、用益租赁合同 85
　　　四、借用合同 85
　　　五、雇佣合同 85
　　　六、承揽合同 86
　　　七、委托合同 86
　第五节　法定之债 87
　　　一、无因管理 87
　　　二、不当得利 88
　　　三、侵权行为 89
　　　　　（一）　概论 89
　　　　　（二）　为第三人而负担的责任 90
　　　　　（三）　为多个共同行为人而负担的责任 91
　　　　　（四）　特殊情况 91

第三章　物权法（民法典第三编） 92
　第一节　原则 92
　第二节　占有 93
　　　一、占有的种类 93
　　　二、占有人的权利 94
　第三节　所有权 95
　　　一、概念 95
　　　二、所有权的取得 95
　　　三、所有权人的请求权 96
　　　四、债权与物权的联系 96

         （一） 通过买卖取得所有权 96
         （二） 善意取得 97
         （三） 保留所有权的买卖 97
         （四） 担保性让与 98
    第四节 地役权............................. 98
    第五节 用益权............................. 99
    第六节 抵押权............................. 99
    第七节 土地债务............................ 100
    第八节 质权.............................. 100
    第九节 地上权............................. 100
第四章 婚姻家庭法（民法典第四编）...................... 101
    第一节 婚姻.............................. 101
       一、 结婚 101
       二、 婚姻的法律效力 102
         （一） 婚姻中的家务处理 102
         （二） 婚姻财产制 102
         1. 财产增加共同制 103
         2. 约定财产制 103
       三、 婚姻的终止 103
         （一） 废止 103
         （二） 离婚 104
         1. 婚姻的破裂 104
         2. 离婚的效力 105
    第二节 父母照顾............................ 105
    第三节 血亲.............................. 106
第五章 继承法................................ 106
    第一节 继承.............................. 106
    第二节 死因处分............................ 107
       一、 遗嘱 107
       二、 共同遗嘱 108
       三、 继承合同 108
    第三节 死因处分的内容......................... 109
       一、 对法定继承顺序的排斥 109

　　　　二、 个人赠予 109
　　第四节 特留份规则............................... 110
　　第五节 继承人的法律地位......................... 110
第六章 劳动法... 110
　　第一节 体系 111
　　第二节 个人劳动法............................... 111
　　　　一、 工人与职员 111
　　　　二、 劳动关系 111
　　　　三、 国家干预 112
　　第三节 集体劳动法............................... 113
　　　　一、 劳资协议双方 113
　　　　二、 劳动争议 113
　　　　三、 参与决策权 114
第七章 商法... 115
　　第一节 商人特别法............................... 115
　　第二节 商人..................................... 115
　　第三节 商事活动................................. 115
　　第四节 商号与商业登记........................... 116
　　第五节 商事代理................................. 116
第八章 公司法... 117
　　第一节 公司形式................................. 117
　　第二节 人合公司与资合公司....................... 117
　　　　一、 区分 117
　　　　二、 人合公司 118
　　　　　　（一） 民法合伙 118
　　　　　　1. 权利能力 118
　　　　　　2. 管理 118
　　　　　　3. 代表 119
　　　　　　4. 财产 119
　　　　　　5. 责任 119
　　　　　　（二） 无限责任合伙 119
　　　　　　1. 权利能力 120
　　　　　　2. 理事 120

			3.	代表	120
			4.	责任	120
		（三）	两合公司		121
			1.	责任	121
			2.	有限责任两合公司	121
	三、	资合公司			121
		（一）	有限责任公司		121
			1.	建立	121
			2.	权利能力	122
			3.	机构	122
			4.	理事	122
			5.	代表	123
			6.	责任	123
		（二）	股份公司		123
			1.	建立	123
			2.	机构	124
			3.	理事与代表	124
			4.	责任	124
第三节	协会				125
	一、	建立			125
	二、	权利能力			125
	三、	机构			125
	四、	成员			125
	五、	责任			126
第四节	合作社				126
	一、	建立			126
	二、	权利能力			126
	三、	机构			126
	四、	管理与代表			127
	五、	责任			127

第三部分 刑法 129
第一章 总则 129
第一节 刑法原则 129
第二节 犯罪的性质 130
一、构成要件 131
（一）客观构成要件 131
1. 构成要件前提 131
2. 因果关系 131
（1）条件说 131
（2）客观归属 131
（二）主观构成要件 131
1. 故意的要素 131
2. 事实错误 132
（1）打击错误（aberratio ictus） 132
（2）身份错误（error in persona） 133
二、违法性 133
（一）正当防卫 133
（二）合法化紧急避险 134
（三）同意 134
三、责任 135
（一）无责任能力 135
（二）免除责任事由 135
1. 防卫过当 135
2. 免除罪责的紧急避险 136
3. 法外紧急避险 136
（三）错误 137
1. 禁止错误 137
2. 合法化事由错误 137
（1）容许错误 137
（2）容许要件错误 137
第三节 不作为 138
一、纯正不作为犯罪 138

　　　　二、不纯正不作为犯罪 138
　　第四节 过失 139
　　第五节 未遂 140
　　　　一、犯罪未遂 140
　　　　二、中止 141
　　第六节 正犯与参与犯 141
　　　　一、正犯 141
　　　　　（一）间接正犯 141
　　　　　（二）共同正犯 142
　　　　二、参与犯 142
　　　　　（一）教唆 142
　　　　　（二）帮助 142
　　第七节 犯罪的法律后果 142
第二章 分则 143
　　第一节 侵犯生命与身体不受侵害性的犯罪 144
　　　　一、杀人罪 144
　　　　二、身体伤害罪 144
　　第二节 财产犯罪 144
　　　　一、盗窃 144
　　　　二、侵占 145
　　　　三、抢劫与抢劫性犯罪 145
　　　　四、诈骗 146
　　　　五、销赃 147
　　第三节 对物的价值的犯罪 147
　　第四节 损害名誉犯罪 147
　　第五节 证件犯罪 148
　　第六节 陈述犯罪 148
　　第七节 侵害公共秩序的犯罪 148

第四部分 诉讼法 149
第一章 司法保障 149
第二章 宪法诉讼法 150

		第一节　联邦宪法法院的管辖权.................. 150
		第二节　诉讼种类........................... 151
		第三节　宪法诉愿........................... 151
			一、　判决宪法诉愿..................... 152
			二、　法规宪法诉愿..................... 152
			三、　现时与直接的当事性................ 152
			四、　受理程序........................ 153
	第三章　行政诉讼法............................... 153
		第一节　行政法院管辖权....................... 153
		第二节　行政诉讼的参与人..................... 154
		第三节　程序............................... 154
			一、　诉讼类型与判决.................... 154
			二、　诉讼原则........................ 155
			三、　诉讼环节........................ 156
		第四节　行政诉讼费用........................ 157
		第五节　执行............................... 157
	第四章　民事诉讼法............................... 157
		第一节　民事法院管辖权....................... 157
		第二节　民事诉讼的主要参与人.................. 158
		第三节　程序............................... 158
			一、　诉讼原则........................ 158
			二、　诉讼环节........................ 160
			三、　证据........................... 161
		第四节　督促程序........................... 161
		第五节　民事诉讼费用........................ 162
		第六节　强制执行........................... 162
	第五章　刑事诉讼法............................... 163
		第一节　认知程序........................... 163
			一、　管辖权.......................... 163
			二、　刑事诉讼的主要参与人 164
			三、　程序............................ 164
				（一）　刑事诉讼原则................ 164
				（二）　诉讼环节................... 165

17

  　　　1. 调查程序 165
  　　　2. 中间程序 166
  　　　3. 主要程序 167
  　四、证据 167
  　五、刑事诉讼费用 168
 第二节 刑罚执行 168
  　一、刑罚的目的 168
  　二、治安与矫正措施的目的 168
  　三、刑罚执行的目的 169

第五部分 欧盟法 171
第一章 欧洲一体化 171
 第一节 一体化发展的理论 171
  　一、联邦主义 171
  　二、功能主义 171
 第二节 一体化的历史 172
 第三节 宪法基础 174
第二章 欧盟程序法 175
 第一节 权利能力与法律行为能力 175
 第二节 权能 175
  　一、权能的类型 175
  　　（一）专属权能 175
  　　（二）共享权能 175
  　　（三）共同外交与安全政策权能 176
  　　（四）支持、协调或补充成员国行动的权能 ... 176
  　二、行使权能的基本原则 176
 第三节 欧盟机构 176
  　一、欧洲理事会 177
  　二、欧盟理事会 177
  　三、欧盟委员会 178
  　四、欧洲议会 179
  　五、欧洲法院 179

　　　　六、 其他机构 180
　　第四节 法律渊源.................................... 180
　　　　一、 第一级法律渊源 181
　　　　二、 第二级法律渊源 181
　　　　　　（一） 概论 181
　　　　　　（二） 法律规范 181
　　　　　　（三） 立法 182
　　　　三、 国际协定 183
　　　　四、 欧盟法的优先性 183
　　第五节 法律保护.................................... 184
第三章 欧盟实体法...................................... 185
　　第一节 欧盟的价值.................................. 185
　　第二节 反歧视与欧盟公民权.......................... 185
　　第三节 基本自由.................................... 186
　　　　一、 目的 186
　　　　二、 功能 187
　　　　　　（一） 跨境事务 187
　　　　　　（二） 禁止歧视和限制 187
　　　　　　1. 公开歧视 187
　　　　　　2. 隐性歧视 187
　　　　　　3. 限制禁止 187
　　　　三、 商品自由流通 188
　　　　四、 人员自由迁徙 189
　　　　　　（一） 劳工自由迁徙 189
　　　　　　（二） 营业设立自由 190
　　　　五、 服务自由 190
　　　　六、 资本流通自由与支付往来自由 191
　　　　七、 限制的其他合法化事由 191
　　第四节 法律整合.................................... 192
　　第五节 基本权...................................... 192
　　第六节 政策.. 193
　　　　一、 农业 193
　　　　二、 竞争规范 193

  （一）概论 193
  （二）反垄断与滥用禁止 194
   1. 反垄断 194
   2. 滥用禁止 194
   3. 合并控制 194
   4. 国家扶助 195
 （三）贸易政策 195
 （四）环境政策 195

第四章 自由、安全与正义的领域 196
 第一节 总论 196
 第二节 边境控制与避难 196
 第三节 司法与内务合作 197

第五章 对外行为 197
 第一节 总论 197
 第二节 共同外交与安全政策 197
 第三节 共同安全与防卫政策 198

第六章 取消人员控制 198

参考文献 201

第一部分 公法

公法包括所有规定国家机构以及国家与公民之间关系的法律规范（见下文第一编）。宪法，在德国即基本法，是最高层级的法，优先于所有其他公法、民法与刑法。在宪法之下，由行政法在公法领域做出规定（见下文第二编）。此外欧盟法也属于公法，它是以同样方式、同样内容适用于德国和其他欧盟成员国、各国国家法都必须与之相应的超国家法（见下文第五部分，欧盟法）。 1

第一编 宪法
第一章 宪法及其原则
第一节 宪法的概念

国家是指一定数量的人口（国民）在特定疆域（领土）上、同一主权统治（主权）下形成的生活共同体（国家的三要素说）。宪法则是国家的基本法律制度，它的规定是国家性生活共同体的基石。 2

每个国家均有其宪法，但并非每个国家都是宪政国家。一个国家是否构成宪政国家，取决于两个牵涉到宪法来源与内容的前提：第一，宪法应来自构成国家的国民们的意志，也就是说，制宪权力（法语：pouvoir constituant）的主体乃是人民（人民主权）；第二，宪法应该通过划分国家权力（包括立法权、行政权与司法权）并将其分别授予不同机构（分权；三权分立）来规定国家机器的组织体制，应该通过保障公民对抗压迫和对自由的过度限制的个人权利（基本权）来保证他们的尊严与自由。早在1789年，法国人权宣言的第十六条就已经指出："凡个人权利无切实保障和分权未确立的社会，就没有宪法。" 3

4　　　德意志联邦共和国是一个宪政国家。它的基本制度由自1949年5月23日生效的德国基本法确立。

第二节 德国基本法

5　　　最初，基本法仅被设想为过渡性方案，因此未被冠以宪法之名，其生效之时，效力并未及于德国全境：

6　　　1945年5月8日德国宣布在第二次世界大战中无条件投降后，它被划分为分别由四大战胜国控制的四个占领区。西部占领区的英法美三国出于维持德国统一的目的，保持着紧密的合作关系，苏联控制的东部占领区则日益与之脱离。究其原因，首先在于四国在战后德国应实行何种政治体制的问题上的分歧，西方三国意图引入资本主义与自由主义的体制，而苏联则希望按照列宁式共产主义来建设东部占领区。1948年初，三块西部占领区终于合并，这种合并最开始只限于经济领域，但三国随后即于1948年夏天让德国人为"西德"，也就是西方三国的占领区，制定民主与法治的宪法，从而赋予德意志联邦共和国一个新的基本制度，前德意志帝国的东部地区也由此被孤立。东德意志的一些部分按照1945年的波茨坦公告被置于波兰和苏联治下，在苏联占领区上通过1946年的社会主义宪法建立起了德意志民主共和国（DDR）。德国自此分裂。

7　　　然而，德国人不承认这种分裂是终局性的，他们始终希望重新统一。因此，为了避免造成认可了永久分裂的印象，联邦德国于1949年决议不为德国制定"宪法"，相反，它决定将一部以西方模式为模板、包含了国家基本结构、原则与价值的现代性宪法制订并表述为"联邦共和国基本法"，从而表明，一部真正的"德国宪法"将以重新统一为前提。通过在各州选出的德国政治家组成的国会参议院，盟国始终领导与监督着这部基本法的制定。无论当时还是现在，这部基本法在事实上毫无疑问是并且从来都是一部宪法，但同时它的名号也确在情感上和政治上有着重要的意义。

1989、1990年东德和平革命之后，德国完成了重新统一，此后却并未为全德国制定一部新的宪法，而是由前民主德国依照其人民代表的决议加入了联邦德国及其基本法效力范围。基本法也由此在今天适用于再次统一后的全德国。但仍有一些过去的德国东部地区并未回归。

第三节 宪法基本原则

基本法（GG）首先规定了宪法性的基本决断与基本准则，它们作为基本原则，共同构成了联邦德国自由民主的基本制度，并将德国塑造为一个西方式宪政国家。

一、*共和制*

德国是一个共和国，该原则已被包含在"联邦共和国"的国名（基本法第20条第1款）之中。共和制有两层含义，其一，没有君主（皇帝、国王、王侯等）作为国家首脑世袭罔替据有该国（法文：l'etat c'est moi）；其二，国家只属于人民。国家乃是整体，亦即人民共有之物（法文：res publica res populi）。因此，所有规制人们共同生活（公共事务）的国家权力必须始终以服务人民的福祉和自由为目的。

二、*民主*

另一个宪法基本原则是民主制（基本法第20条第1款、第2款）。在民主制中，所有国家权力均来自于人民，也就是说，人民不仅是制宪权力的主体（见前文第一节），也是立法权、司法权与行政权等宪制权力（法语：pouvoir constitué）的主体。每个法律、每个执政与行政行为以及每个法庭判决（在内容与人员上）归根结底都必须能够回溯到全体人民的意志（民主合法性）。

因此，民主制与一切由个人（寡头制）、团体（贵族制）、宗教组织或政党统治国家的国家形式相对。国家权力向人民转移本身就意味着认可人民内部政治观念和利益上的多元性。所以人民的统治乃是某种意识形态的统治、某种宗教的统治抑或某种真理的统治的对立面。民主国家就是"开放社会"的国家，在开放社会中，所有公民皆有权参与政治意志的形成并通过"多数决原则"塑造这个社会。

13　　然而公民一般并不——例如通过全民公决——亲自处理一切国家事务，更多的时候人民都通过不断定期选举人民代表构成议会，也就是所谓的联邦议院（众议院，基本法第38条第1款）来间接地表达他们的意志。议会颁布约束行政与司法的法律、选举执政领袖（联邦总理）与大法官，联邦总理再确定担任各最高行政部门首长职位的政府其他成员（部长）。由于人民通过他们的代表来行使国家权力，因此该体制被称为代议制民主。

三、　法治国

14　　德意志联邦共和国是一个法治国家，这一点得到了基本法中众多具体规定的保障，其中非常显要的一点便是三权分立，它规定了行政、立法与司法的严格分立（基本法第20条第2款第2句），从而防止立法、法的实施和保证法的遵守诸权集中于一人或一个组织之手，造成国家权力的滥用。三权必须在组织机构上彼此分离，但又基于各自的功能共同协作并且互相监督（权力制约）。这种"制衡"的机制保证国家任务的合理完成，保护个人免遭国家的恣意。

15　　在同样服务于这种个人保护的其他一些法治国原则中，在这里尤其要提到的是行政合法性原则（基本法第20条第3款）。所有行政权力（行政机关、警察、公法社团、公共营造物等）均受普遍适用于一切人的法律的约束，也就是说不得违反法律（法律优先原则）。此外，一个对公民自由或财产进行限制的行政性行为必须得到既有法律的授权（法律保留原则）。除此之外，包括法律在内的所有的国家行为都受宪法尤其是宪法基本权利的约束，即必须合宪，不得违宪（基本法第1条第3款、第20条第3款）。

由此就呈现出了规范等级或者说法律规范位阶体系的图景：宪法是最高等级的规范，在法律上居于所有其他国家行为之首（宪法的优先）；合宪的法律又高于行政与司法，每个行政行为和法庭判决都必须符合法律*并且*符合宪法，从而完全合法。因此可以说，法的优先原则始终适用。

法的优先效力并不是要单纯地形式上或者官僚主义式地保证法的约束力。联邦德国的法治国并不仅仅是形式上的，更是实质上的法治国，因为宪法优先原则在内容上首先就意味着所有国家行为都受到肯定民主（基本法第20条第2款）和自由（基本法第1条第3款、第2条第1款）的价值决断的约束。按照民主原则，所有法律和所有法律适用都必须在根源上来自人民或者人民代表的自由意志，而按照自由原则，所有法律和所有法律适用都不得逾越个人基本权利对民主的国家权力所设定的界限，否则，该法律或法律适用就构成违宪。

法院对国家行为的合法性进行监控（基本法第92条），它也对公民之间的民事争端以及出现犯罪时国家刑罚（自由刑和罚金刑）的发动作出终局约束性的判决。法官必须在事务上和人身上保持独立（基本法第97条），并且只能依照法律作出判决；法官的职权管辖范围必须在个案之前就已经按照抽象标准得以确定，从而保证行政权无法选择法官，也无法影响法官们的决断结果（基本法第101条第1款）。

法院对每个在法律争端中意图对抗国家或第三人来贯彻其（主观）权利或诉求的人敞开（普遍的法治国家司法保障与基本法第19条第4款）。在法庭上每个人都应当获得就他的事务发表意见的机会（基本法第103条第1款）。

充当保证所有国家行为（议会立法、行政行为和法院判决）处于基本法的宪法框架之内的最后壁垒的，是联邦宪法法院（宪法守护者）的特别任务与义务。为此，它拥有广泛的管辖范围（基本法第93条）。首先，它能够应议会少数派（反对派）或者自身基本权利受到法律直接危害的公民的申请，宣布违宪的法律无效。而且，也只有它能够裁决国家机构之间或者联邦与州之间的宪法性争端。通过联邦宪法法院的这种特别司法权限，宪法作为最高规范的优先性得到了进一步的确认。

21　　但是在德国范围内适用的法律并不仅仅是德国制定的法律，其他法律渊源还有国际法与欧洲法。基本法赋予了联邦德国参与国际合作和保持"开放的国家性"的义务，国际法的一般规则也因此成为了优先于一般法律适用的德国法组成部分，其中有些（拉丁文：ius cogens，强行法）甚至优先于宪法适用（基本法第25条）。尤其是基于对欧洲一体化的参与（基本法第23条），欧盟法律规范在此期间得到了德国政府机关与法院大范围的直接、优先适用。

四、　联邦制

22　　联邦德国是一个联邦国家（基本法第20条第1款），它由十六个拥有自己的主权并且（在联邦内）同样具有国家性的成员国组成。因此，国家权力并不是由全国性机构统一地、排他地独占，而是在中央国家（联邦）与成员国（联邦各州）之间进行划分。这些突出表现在各州对自己的立法、行政与司法权限的履行中（基本法第30条，第70条及以下，第83条及以下，第92条）。各州也拥有自己的宪法性规范（例如黑森州宪法、巴伐利亚自由州宪法），这些宪法性规范按照共和、民主、法治与社会国家的基本原则对它们各自的国家生活作出了与基本法类似的规定（基本法第28条第1款第1句）。通过这种方式，主权性权力不光在司法、行政与立法之间，也在联邦与州之间进行了划分（也就是所谓的垂直分权），从而增强了分权的制约效果。

五、 社会国家

另一个重要的宪法基本原则是社会国家原则（基本法第20条第1款）。根据该原则，为公民提供足够的生活保障和进行公正的社会衡平乃是国家的任务。为此它必须建立起社会性的秩序。不过，由于宪法仅仅确立了这一任务，而未对其具体内容作出规定，所以国家在社会原则的实施中拥有相当大的回旋空间。但政府依然始终有义务致力于消除经济困难与阶级不公。

六、 政党

政党指真正持续参与人民政治上的意志形成并意图塑造（联邦和州）议会人民代表的公民团体。对于自由代议制民主，政党是不可或缺的。它的功能在于使自由竞争国家权力的观念之争组织化。它将众多政治思想和人民愿景整合抽象为若干纲领性的方向（多党制），从而持续影响公众舆论并就选举人民代表进入议会事宜向选民提供建议。如此，政党便构成了人民与国家之间的政治连结，实现着民主与自由选举的目的。

基于它的这种重要功能，政党受到宪法的特别保护（基本法第21条）。首先，确保政党对于国家的独立性。它可以自由地建立、活动并参与政治意志的形成。只有当一个政党的活动违背基本法（自由民主的基本秩序）时，该政党才可以被联邦宪法法院禁止，不得再继续享有该自由。与政党的自由性息息相关的是所有政党之间的机会平等。这首先意味着真正实际参与政治竞争的机会以及国家对政党的财政支持。尽管国家财政支持本身有违背政党独立性之嫌，但鉴于政党对于国家所履行的重要职责，这种财政支持也得以被正当化。此外，公共建筑如集会场所和其他类似场所，应由各政党同等使用。各政党在广播与电视中放送时间的分配也同样适用平等原则。

德国最重要并且常年在联邦议院中拥有席位的政党有：*基督教民主联盟*（简称基民盟，CDU）和巴伐利亚的*基督教社会联盟*（简称基社盟），它以基督教价值观为政治方针；两党在联邦议院组成党团。*社会民主党*（简称社民党，SPD），它的前身是工党，今天尤其致力于社会公正。在这最大的两党之外，还有*自由民主党*（自民党，FDP），它主要投身于公民自由和经济领域。此党自2013年起未获联邦议院议席。*90联盟—绿党*主要代表着环境保护与节约自然资源的利益；除此之外还有近年来的小党*左党*，它的前身是前民主德国共产主义国家政党（德国统一社会党，SED）。

第二章 国家组织法

第一节 联邦与州的关系

27　　自重新统一以来，德国由十六个联邦州组成：巴登—符腾堡，巴伐利亚，柏林，勃兰登堡，不来梅，汉堡，黑森，梅克伦堡—前波莫瑞，下萨克森，北莱茵—威斯特法伦，莱茵兰—普法尔茨，萨尔，萨克森，萨克森—安哈特，石勒苏益格—荷尔斯泰因以及图林根。诸州作为联邦加盟国共同构成德国。国家与州原则上并立于联邦制国家结构内，也就是说，除了作为国家的联邦，各州也具有国家性质。各州自成国家意味着，每个州都拥有自己的国家权力，独立以自己的宪法框定自己的基本法律制度（国家机构、国家原则、公民权利）。但由于各州联合于联邦德国之内，因此：第一，各州（例如巴伐利亚或黑森）的国家权力也是德国的国家权力。第二，行使国家权力的权限必须在联邦与州之间做出划分。第三，必须注意将各州法律制度保持在联邦法律制度框架内。

一、一致性

28　　联邦宪法也就是基本法第28条强制各州依照基本法意义上的民主、法治和社会国家等共和国基本原则来塑造各自的宪法制度。这被称为一致性原则，它指的不是一模一样（完全一致），而是一定程度的一致或相似。如果各州的国家基本法律原则完全不同，联邦制国家就无法运行。

此外，基本法的特定规范直接适用于各州之内，尤其是基本权亦可对抗各州的国家权力（基本法第1条第3款结合第142条），这都保障了联邦制国家的运作。而且联邦法优于州法，这意味着与任何联邦规定（联邦宪法、联邦法律、联邦行政规章）相抵触的州法律规定（州宪法、州法律、州行政法规）均归于无效（基本法第31条）。

二、立法权限

基本法首先在立法领域划分了联邦与州行使国家权力的权限。州在基本法未赋予联邦以立法职权的范围内拥有立法权（基本法第30条、第70条）。基本法明确列举规定了联邦立法范围，并且区分了联邦专有立法权和联邦与州的竞合立法权。

专有立法权的范围主要包括必须在全德范围内作出统一规定的领域，例如外事、国籍、护照、货币和航空（基本法第71条第1款、第73条第1款）。州自始完全不能对这些事务进行立法。在竞合立法权（基本法第72条第1款、第74条第1款）范围内诸如民法、刑法、法院组织、法庭程序、经济立法和劳动法等领域，只有当联邦尚未作出规定时，州才享有立法权限（例外：基本法第72条第3款）；但这些领域内联邦性规定通常以对全联邦境内同等生活条件的塑造的必要性为前提（基本法第72条第2款）。

三、行政权限

联邦与州之间行政权限，也就是法律执行（或曰实施）权的划分不以立法权限的划分为准，而是遵循着不同的规定。各州不仅施行自己的法律，原则上也将联邦法律的实施作为自己的事务（*州行政*，基本法第83条），并规定必需的机关设置和行政程序（基本法第84条第1款）。联邦政府只负责监督各州是否合法实施了联邦法律（基本法第84条第3款）。

33　此外也有州受联邦委托实施联邦法律的情况（*联邦委托行政*，基本法第85条），这种情况均由基本法明文规定。此时尽管原则上同样由州来规定行政机关的设立和行政程序，但与州行政区别有二：第一，这种情况下也可以由联邦自己确定法律执行的机关和程序（基本法第85条第1款）。第二，此时联邦对州的监督要严于州行政时，州行政机关要服从于联邦最高有关部门的指示，而且联邦的监督不仅针对法律执行的合法性，还及于其合目的性。

34　只有在（外事、联邦财政管理、联邦警察、情报机构、宪法保护等，基本法第87条第1款）少数基本法明确列举的领域中，联邦才会亲自实施联邦法律（*联邦行政*，基本法第86条）。

四、司法权限

35　最后，司法性国家权力也在联邦与州之间进行了划分（基本法第92条）。除联邦法院、各联邦最高法院（基本法第95条、第96条）和联邦宪法法院（基本法第93条、第94条）外的所有法院都在州层面上，随之在很多情况下形成了德国法院体系的三级结构：第一级与第二级均是州法院，第三审级则是各联邦最高法院。

第二节 最高联邦机构

36　最高联邦机构是德意志联邦共和国国家结构中最重要的行动机构。它也被称为联邦国家机构或宪法机构。它包括联邦议院、联邦政府、联邦参议院、联邦总统与联邦宪法法院。

一、联邦议院

37　联邦议院是联邦共和国的议会。它由按照基本法第38条第1款选出并且居于议会管理体制中心地位的德国人民议员组成。

（一）联邦议院的任务

联邦议院的主要任务是代表人民并将人民意志贯彻传达到国家权力之下的所有机构与行为中。它颁布联邦法律，从而对最重要最根本的国家事务作出决断（基本法第76条及以下）。法律草案多由政府提出，政府对哪些政治任务必须完成和为此必须颁布或修改哪些法律进行决策。这与外政关系领域相似：联邦政府就国际条约进行协商谈判，该条约经联邦议院以法律形式赞成后，再由总统具有约束力地签署和批准（基本法第59条）。

联邦议院还深刻地参与着其他国家机构的构成。它首先选举联邦总理（基本法第63条），总理再确定政府成员（部长）（基本法第64条）。选举总理需要联邦议院的多数，为此最大党团——党团指同属某一政党的议员组成的团体——通常与一个较小党团联合，以力推大党团的候选人。相对的，该小党团的代表或政党得以参与组阁。这个联合党团通常会在整个选期内存续，从而为它所担任的政府的未来决策在联邦议院中保证多数支持。

此外，联邦议院（与联邦参议院分别）选举联邦宪法法院十六位法官中的半数（基本法第94条第1款）并通过选举议会中法官选举委员会成员来参与各联邦最高法院法官的选举，该委员会由各州负责该领域的部长以及同等数量的联邦议院成员组成，它与主管该方面的联邦部长共同决定各最高法院法官的任命（基本法第95条第2款）。在联邦大会选举联邦总统时，联邦议院以其全部成员构成选举人的半数（基本法第54条第3款）。作为人民直接选出的机构，联邦议院通过这些选举授予其他机构以间接的民主合法性。

联邦议院的又一个机能是对行政事务的监督。由于政府领导着国家政治事务，人民也就应当通过联邦议院保有对政府施加影响的可能性。因此联邦议院的工作不局限于颁布法律，它还必须阻止政府在涉及人民的重要事务上做出缺乏法律依据的决定。此外联邦议院可以对政府提出质询，或传召政府成员，以就时下议题要求答复（基本法第43条第1款）。联邦议院还可以——四分之一成员即可，也就是说议会反对党亦可——召集调查委员会来查明政治争议事件或丑闻（基本法第44条）。但联邦议院的最大影响力在于其决定国家预算的预算权（基本法第110条第2款）。与他国的国际条约（基本法第59条第2款）和向外国派遣联邦国防军也需要联邦议院的同意。

（二） 联邦议院选举

1. 选举权

42　　德国人民通过选举决定他们在联邦议院中的代表。选举必须普遍、直接、自由、平等和匿名（基本法第38条第1款）。这五个选举原则保障选举公正和每张投出的选票的有效影响力。

43　　*普遍*原则指选举对每个德国公民开放而无论性别、种族或政治立场。该原则只有一个限制条件，即选举人必须满18周岁。在德国18周岁即为成年，成年也是消极选举权（被选举为议员进入联邦议院的权利）的前提条件。

44　　*直接*选举要求人民能够直接选择他们的议会代表。与此相对的是先选出选举人，再由选举人独立选举人民代表的制度（美国）。

45　　选举必须是*自由*的，从而使每个人都可以形成自己的政治观点并以此指导自己的选择。选举自由还意味着没有选举义务，是否参与选举是公民的自由。

46　　*平等*原则首先保证每张选票同等计为一票（计算价值平等）而无论它由谁投出。在——例如德国的——比例选举（见下文，2）中，每张选票还以相同的方式，也就是说相同的权重，按照选举结果确定议员席位的分布（结果价值平等）。这不同于投给劣势少数的选票在最终席位划分中没有任何意义的多数选举制。

最后，匿名选举对于保证独立自由的选举是必不可少的。只有匿名才能避免外界压力。　47

2. 选举制度

不同于选举原则，基本法并未对选举制度作出规定。德国联邦选举法采用个人化的比例选举制。比例选举指按照各党在选举中获得的选票的比例来划分联邦议院中议员席位的分布。联邦议院原则上有598个席位，在选举中获得半数以上实投选票的政党或党团将会获得等比高的联邦议院多数席位。选民共有两张选票，从而使选举人不光能影响到政党之间的议席划分，还能影响到某个特定的人能否获得议会席位（参见联邦选举法第4条）。　48

第一选票用于在选区中选择一位选区候选人。每个选举中不仅有候选政党，也有候选人。在选区中获得最多票数的人直接进入联邦议院（直选议员）。通过*第二选票*，选民则在选区中选择他希望进入联邦议院的党派。一个政党所获得在联邦议院席位按照它在所有选区获得的总票数算出。它所赢得的席位首先由直选议员获得，扣除直选议员数量后如果还有剩余，则分配给该党通过内部选举提前制定的选举人名单上的人（名单议员）。然而详细说来的话，这个选举制度其实要更复杂得多（参见联邦选举法第5条、第6条）。　49

（三） 议员

联邦议院议员的地位受到基本法的特别保护。他应认真负责地履行其人民代表的任务。因此，按照基本法第38条第1款第2句，他只服从自己的良心，既不接受指令，亦独立于他的政党（*自由授权*，与委托民主中的指令性授权相对）。　50

此外议员还享有免责权与豁免权的保护。*免责权*保证他在议员工作范围内的行为与言论不受事后刑事追究。只有这样，自由授权才能真正发挥其效果（基本法第46条第1款）。*豁免权*则指，担任议员期间也不因其职权以外行为涉嫌犯罪　51

33

而被追究责任。但这种保护可以被联邦议院取消，而且不适用于议员犯罪当场或犯罪后立即被捕的情况（基本法第46条第2款）。

52　　议员权利还包括：在联邦议院的发言权和申请权、与同党派议员组成党团的权利（或退出党团的权利）以及要求支付津贴和开支补偿的权利。

二、联邦政府与联邦总理

53　　联邦政府（内阁）属于行政。它的任务是领导国家（拉丁文：Gubernative），内政外交皆出于它。它在无需议会以法律形式进行决断的范围内作出决策。内阁由联邦总理和联邦部长们组成（基本法第62条）。部长在各自的业务范围（专业职能）内代表联邦政府并且——在总理的政策准则职权框架下——自我答责（基本法第65条）。部长们同时还是国家管理（拉丁文：Administrative）体制的一部分。各部是联邦最高行政机关，部长则是各部首长。最重要的几个部分别是财政部、外交部、国防部、内务部、经济部、司法部、劳动部和家庭部。

54　　部长不是通过选举，而是通过总理提名与总统任命而产生（基本法第64条第1款）。在部长人选上，总理应考虑选举他为总理的人们的意愿。联邦议院议员也可被任命为部长，由此产生的议会和政府之间的重叠是德国议会内阁制的特点之一。

55　　总理由联邦议院多数成员（特别多数，"总理多数"）选出（基本法第63条）。由于通常来说单一政党或党团很难取得议会多数，所以经常必须由两个党团通过联盟协议在总理人选上达成一致，并且约定新政府的政治目标。形式上，总理则由总统提名，并在选举通过后由总统任命。总理的任期对应联邦议院的选期（四年，基本法第39条、第69条第2款）。但联邦议院可以以多数成员选出总理继任者，从而对总理提出不信任案（*建设性不信任决议，基本法第67条*）。此外，总理要求议会对其表示信任的议案未获多数支持的情况下，联邦总统可以应总理提议解散联邦议院。（*信任问题，基本法第68条第1款*）

联邦总理领导政府，他拥有制定政策准则的权限（基本法第65条第1句）。这意味着他能够框定各个部长的政策方向（总理准则）。但他的政策准则必须在实践中得到议会多数也就是联合执政的党团们的支持，否则政府便无行动能力。相对于这个宽泛的职权，总理还就每一个政府行为对议会负责（基本法第65条第1句）。

联邦首任总理康拉德·阿登纳于1949至1963年在任，期间的1951至1955年还兼任联邦外交部长，他达成了二战后德国的西部统一。1963年10月15日，87岁高龄的他将总理职位交给了继任者路德维希·艾哈德，后者同属基民盟并被称为"经济奇迹之父"。艾哈德于1966年12月1日退休，继任者为库尔特·格奥尔格·基辛格。两年后基辛格被首位社民党总理候选人威利·勃兰特接替。因为与东方（苏联集团）和解的政策，勃兰特曾获诺贝尔和平奖。他辞职后，社民党政治家赫尔穆特·施密特成为1974年至1982年间的总理并促成了北约双重决议。施密特因建设性不信任决议下台，该决议选举了赫尔穆特·科尔为总理。自此以后，科尔共五次当选联邦总理，他也是重新统一德国并加深欧洲一体化的总理。1998年选举后，科尔任期终结，接替者为第三位来自社民党的总理格哈德·施罗德，他的政策给德国带来了深刻的社会与经济改革（2010议程）。2005年，基民盟政治家安吉拉·默克尔当选为德国首位女总理并执政至今，她使德国在欧盟成为政治上的领导国家。

三、 联邦参议院

如前所述，联邦立法被限制在特定范围（基本法第73条、74条载明的职权范围）内。但因为联邦立法的法律效力对各州有决定性的约束力，所以即使在这些非州立法的例外场合，各州也不应该被完全排除在联邦立法之外。由此，各州便通过联邦参议院参与联邦立法。联邦参议院是联邦机构，但由各州政府成员组成。按照基本法第51条第2款，每州在联邦参议院内至少握有三票，视州的大小不同，有些州也可能有四、五或六票。但（来自同一州的）各个代表并非独立作出决定，相反，每个州都只能统一投出它的票数。

59　　联邦参议院对立法的参与视两种不同的立法类型而不同。有些法律必须得到参议院的明确同意。这种*同意法*在主题上涉及各州的特别利益。其具体包括哪些范围，已经由基本法详尽的列出确定（例如为州征税，基本法第105条第3款）。除此以外的所有其他法律即所谓的*异议法*，联邦参议院都只有异议权（基本法第77条第3款）。此时，当联邦议院与联邦参议院就异议法的协商谈判破裂时，联邦议院可以跳过参议院贯彻立法（基本法第77条第4款）。

60　　除了参与立法，联邦参议院还拥有选举联邦宪法法院半数法官的职权。

四、联邦总统

61　　联邦总统是德国国家首脑。他作为国家的代表超脱于日常政治之上。因此，他并无政治塑造力（他的政治指令只有在政府成员副署后才生效，基本法第58条）。所以他也不对政治事务负责。他的职位独立于政府生活中的政治之争，向人民传达国家的一体感。

62　　他的国家代表功能突出体现在他面对国际社会时的任务。形式上由他与其他国家缔结条约（基本法第59条第1款），此外由他接待他国使节。在国内他也拥有一些重要的形式职权，如（通过颁布文书）任命和解职联邦的部长、公务员或法官。

如果选举总理或支持对总理的信任案时无法形成多数（基本法第63条第4款、第68条），联邦总统还能解散联邦议院。此外，每部法律都需经他签署才能生效（基本法第82条第1款），此时他在有限的范围内拥有审查该法按照基本法是否"成立"的职权（见下文第三节）。最后，按照基本法第60条第2款，在特定前提下，他还拥有对被联邦法院判刑者的赦免权。

联邦总统的选举通过联邦大会进行（基本法第54条第1款）。联邦大会一半由联邦议院成员组成，另一半则来自州议会选出的人选（基本法第54条第3款）。后者不必是州议会议员或其他政治活跃人物，因此除了各党元老，经常有公众人物被选出。

联邦总统五年一选且只能连任一次（基本法第54条第2款）。任期内他不得担任其他政治职务（例如联邦议院议员），也不能从事其他职业（基本法第55条）。只有这样才能保持他的独立性和超脱于政治与社会的地位。类似于议员，他也享有免责权和豁免权（基本法第60条第4款）。

德国历任联邦总统为特奥多尔·豪斯（1949年至1959年两任）、海因里希·吕布克（1959年至1969年两任）、古斯塔夫·海涅曼（1969年至1974年）、瓦尔特·谢尔（1974年至1979年）、卡尔·卡斯滕斯（1979年至1984年）、里夏德·冯·魏茨泽克（1984年至1994年两任）、罗曼·赫尔佐克（1994年至1999年）、约翰内斯·劳（1999年至2004年）、霍斯特·克勒（2004年起两任，2010年辞职）、克里斯蒂安·武尔夫（2010年至2012年辞职）。2012年起的联邦总统为约阿希姆·高克。

五、 联邦宪法法院

联邦宪法法院是一所独立于所有其他国家机构的联邦法院（联邦宪法法院法第1条第1款）。德国其他法院（所谓的专门法院）通常是三审级结构的，也就是说在较下级的法院败诉或被判决者原则上可以上诉至上级法院，但联邦宪法法院与这些其他法院都不同，它不是专门法院的一个审级，也不是上诉机构。它的任务只在于终局性地约束其他国家机构不得违宪。因此，与其他法院相反，联邦宪法法院不处理民事、刑事或行政法具体案件。只有当"专门的宪法性"问题需解答时，才能诉至宪法法院。有限的可诉情形由基本法第93条以及联邦宪法法院法（联邦宪法法院法第13条）作出了详尽的列举规定。因此在该功能内，联邦宪法法院同时亦是宪法机构（联邦宪法法院法第1条第1款）。

68　联邦宪法法院由两个审判委员会组成，每个委员会八名法官，法官由联邦议院和联邦参议院各以三分之二多数选举一半，任期12年并不得重选（联邦宪法法院法第4条及以下）。法官须年满四十岁并符合德国法官法对完全法律人的要求，而且不得同时隶属于联邦议院、联邦参议院、联邦政府或相应的州机构（联邦宪法法院法第3条）。

69　专属联邦宪法法院处理的宪法争议的具体种类见下文第四部分第二章。

第三节 联邦立法程序

70　基本法相当详细地规定了制定联邦法的程序（基本法第76条及以下）。如果程序不符合规定，那么决议通过的法律（在形式上）即已违宪，而无需考察其内容（实质）。联邦首先必须至少有颁布法律的权限（基本法第70条及以下）。州法制定的程序分别由各州宪法规定。

71　联邦立法程序始于产生和提交法律草案（法律提案、法律动议）至*联邦议院*(基本法第76条第1款)。法律草案通常来自联邦政府，但也有参议院或联邦议院自己提出的草案。在早期意见后（基本法第76条第2款、第3款），提案在一读中向联邦议院有关委员会继续征询建议。经有关委员会提出意见与修改建议后，联邦议院在二读中继续就提案进行讨论。最后，通常在三读中对法案进行表决。具体细节由联邦议院议事规则规定。

联邦议院表决通过的法律，需再交参议院表决（基本法第77条第1款）。参议院视该法律是必须得到它同意的法律还是它仅可提出异议的法律，相应地决定是否同意或是否提出异议（基本法第77条第2a款、第3款）。如果需同意的法律被参议院拒绝，或参议院动用了异议权，则通常需要召集由联邦议院和参议院成员组成的调解委员会。 72

为了兼顾双方利益的同时促成一致，调解委员会应制定修改建议。该建议随后由联邦议院和参议院再次表决，双方均表决通过，则法律成立，只能提出异议的法律亦可未经参议院同意即告成立，因为联邦议院可以以特别多数决议驳回参议院对法律的异议（基本法第77条第4款）。 73

按照上述程序成立的法律（基本法第78条），由*联邦总统*予以颁布，也就是签署（基本法第82条第1款）。由于总统不能自己发布有效政治规定，所以法律的颁布必须事先得到政府成员，也就是总理或主管部长的副署确认。总统不得因政治原因拒绝颁布法律。但这不同于他认为法律违宪时的情况。多数意见认为，总统对法律成立的方式（立法权限与立法程序）的形式合宪性以及法律内容即实质上是否明显违宪（也就是说是否有相对轻易可辨的违宪）有自己的（有限）审查权。总统经此种审查后拒绝颁布法律的情况很少，但有。此时就会产生较大的政治争议，因为联邦议院自然确信"他的"法律合宪，而且法律的宪法审查本是联邦宪法法院的任务。 74

最后，法律将被公布在联邦法律公报上（基本法第82条第2款），如果法律本身未指明生效日期，则在公布后十四天生效。 75

第三章 基本权

第一节 先于国家的基本权基础

76　　人应为善去恶,乃全人类共有之认识。人人皆知,杀戮思想不同者、信仰不同者、种族或病弱是为非正义。刑讯、肉体与精神伤害唯令世人厌弃。即便此种行为存于世上,有时甚至被合法化,也无损于上述公理。它们与人的本性和理性相悖。17、18世纪,自然法与理性法及其效力的理念从这些基本思想中脱胎而出,成为"良善"社会共同生活秩序不可或缺的准则,优先于所有国家实定法。

77　　居于理性自然法中心地位的是每个人的尊严与自由。每个人都先天拥有不被作为单纯的客体对待及无需在超出保障他人同等自由和普遍自由的共同生活所需限度之外让渡其自由的权利的主体。任何"良善"的国家法律规定都以这种先于国家的人权为准则和界限。基本法第一条即与此呼应:基本法第1条第1款承认人的尊严的不可侵犯性。此乃自由主义国家宪法的核心和最高准则。在基本法第1条第2款中,德意志人民亦承认自然权利是每一个国家社会(以及世界和平与正义)的基石。

78　　今天,许多先于国家的人权被囊括在国际人权公约之中,通过这些公约,诸国在国际层面上,在相互关系上,承担在主权范围内尊重与保护人权的义务(例如1948年的世界人权宣言、1950年的欧洲保障人权和基本自由公约)。由此便已明确,对于人的尊严和自由,国家及其法律与权力垄断不仅是敌人,亦是保障。若无法律的力量、法律贯彻的效力,便无人能够无虞于恣意的压迫。国家的法律首先建立起对自由的保障,没有这种保障,就没有真正的自由。

79　　因此,自由主义的国家宪法并不满足于国家间的人权保障义务,而是在国内也确定对人的尊严的保障和相应的基本权的实定法效力,它约束所有国家权力,这就是基本法第1条第3款的内容。这样,人的尊严和基本权在国内得以司法化,也就是成为了可诉的权利。宪政国家通过这种方式保障个人的权利。

第二节 基本权的法律效力

基本法包含了对抗国家的、可诉的和稳固的重要个人权利。如果认为基本权受到了国家侵犯，每个人都可以在特定前提下向联邦宪法法院提起宪法诉愿（基本法第93条第1款第4a项，联邦宪法法院法第13条第8a项、第90条及以下）。这就是基本法最重要的功能：赋予个人以*主观权利*。此外基本权还产生纯粹的*客观法律效力*，尤其是宪法以下的法律和规范的解释与适用必须尊重基本权。 80

一、主观权利效力

（一）防御权

基本权的基本功能在于对抗国家的权力扩张，它首先是对抗国家的防御权。据此，如果国家措施侵犯了个人的基本权，且这种侵犯未因权重更高的原因得以正当化，个人就可以要求国家停止并清除该措施。 81

（二）参与权

基本权也授予了参与权，每个人都在国家中并且为了国家践行着他的自由，对自由的践行参与并塑造着国家（例如选举和被选举权，基本法第38条第1款第1句、第2款）。 82

（三）分享权和给付请求权

基本权还是对国家给付的分享权。分享权主要存在于首先由国家通过它的机构和给付保障基本权实现的领域，如基础教育和高等教育、生存照顾（如供水）和社会福利（如失业救济）。准确来说，它关乎个人要求平等地也就是不被歧视地接触国家公共服务机构的请求权，这可以从所涉及的各个自由权利（如自由选择培训场所，基本法第12条第1款）结合平 83

等原则（基本法第3条第1款）和社会国家原则（基本法第20条第1款）推导出来（*派生的共享请求权*）。

84　　但国家资源有限，因而分享权以可能为保留，也就是只在现有能力和财政范围内成立。从分享权中并不产生诸如向国家索要住房、教育或工作席位的原始给付请求权。人们只对保障最基本的生存所需享有原始请求权，这是基于国家保护人的尊严的义务（基本法第1条第1款）。

（四）　国家保护义务履行请求权

85　　最后，基本权授予个人当他的基本权（如生命、自由、财产）被第三人危害时请求国家积极进行保护的请求权。基本权不对私人第三人产生效力，任何人都无法援用其基本权对抗其他个人，基本权只直接适用于个人和国家的关系。尽管如此，但因为按照基本法第1条第3款，国家受到基本权约束，所以当基本权被第三人危害或损害时，国家必须出面保护和促进基本权。

86　　这种国家保护义务最初只是从基本权保障中产生的客观法律义务。但特定情况下国家对于如何、以何种方式履行该保护义务的决策空间相当有限，以致个人可以在国家并未或并未足够地保护他的基本权时拥有对具体国家行为的基本权请求权。

二、　客观法律效力

（一）　客观价值秩序

87　　基本权不止授予主观权利，还具有客观法律效力，也就是说即便无关于保护个人尊严、生命、自由或财产的具体案件时，基本权也有法律意义。它们以其整体构成一个对国家权力（立法、行政、司法）来说必须重视的客观价值秩序或者说宪法性价值决断的总体。从基本权中普遍地产生出国家维持和塑造整个法律现实，使其和保护尊严、生命、自由和财产的基本权规范决断相一致的客观义务。

（二）辐射效力和保护义务

该客观法律效力的结果是，基本权辐射宪法以下的所有法律和其他法律规范。任何法律的解释都不得与基本权相悖，相反，所有法律的解释和适用都必须尽可能的使个案结果符合基本权（法律的合宪性解释和适用）。辐射效力的界限止于法律本身违反基本法并因此无效的情况。 88

基本权客观层面上的另一个效果是所谓的基本权保护义务，也就是说，基本权赋予了国家对它进行保护，即通过国家法律制度保障基本权所保护的法益（尊严、生命、自由、财产）不受他人、不受私人第三人的侵害的义务。特定情况下个人甚至可能拥有要求国家切实具体履行该保护的主观请求权。 89

（三）制度保障

最后，有些基本权同时还包含了特定的制度保障或制度性保障。基本权的制度保障指应受宪法特别保护的私领域生活中的制度，如出版自由（基本法第5条第1款）、婚姻（基本法第6条第1款）、开设私立学校的自由（基本法第7条第4款）、财产权和继承权（基本法第14条第1款）。制度性保障保护特定的公法制度，如职业公务员制度（基本法第33条第5款）或乡镇自治（基本法第28条第2款）。该保障对于立法者的意义在于，他可以对这些制度进行进一步规定和组织，但不得移除或损及其本质内容。所以如婚姻、财产权或自治乡镇必须始终作为法律制度而存在。 90

第三节 基本权约束力

基本法第1条第3款规定立法、行政管理和司法机构均直接有效的受基本权约束。所有国有企业，也就是国家经营或控股的经济企业（如能源、建设、物流和航空企业），也受基本权约束。 91

92　　相反，基本权原则上不适用于私人之间。但无论基本权是否并未直接作用于私法，它都发挥着间接的影响。基于基本权的辐射效力（见上文第二节、二、（二）），所有民法规定的适用都不得违背基本权。不确切的法律概念，诸如诚实信用原则（德国民法典第242条）、禁止违反公序良俗（德国民法典第138条、826条），其解释必须始终考虑到基本权。在民事法律争端的裁判中，法院不得忽视基本权或对其意义进行错误的解释。

93　　值得注意的是，基本法的基本权只约束德国国家权力。德国基本权只能以一种保留效力对抗欧洲高权行为，例如理事会的法规或委员会的决策（见下文第五部分第二章第四节），因为欧洲高权只受欧盟法自己的基本权（参见欧洲基本权宪章）约束。这在另一方面也意味着，德国国家权力（立法、行政和司法）在转化和适用欧盟法时，也要注重欧洲基本权。

第四节　基本权的保障范围

94　　基本权的保障范围由基本权规范予以保障的事实构成。它包括受基本权保护、得到基本权授权的人（基本权主体；主体保障范围）和基本权的保障对象（行为与状态；实体保障范围）。

一、主体保障范围

（一）个人

95　　基本权首先适用于所有自然人，按照德国基本法，又可细分为归于任何人的基本权和仅归于德国人的基本权。*适用于任何人的基本权*例如有人的尊严（基本法第1条第1款）、一般行动自由（人格的自由发展，基本法第2条第1款）、生命权（基本法第2条第1款第1句）、宗教和言论自由（基本法第4条第1款、第5条第1款）、财产保护（基本法第14条第1款）等。*德国人的权利或曰公民权*则有民主选举权（基本法第38条第1

款结合第20条第2款）和隶属于受保护的自由的集会自由（基本法第8条第1款）。"德国人"的概念遵从基本法第116条第1款的规定，据此，德国人通常指拥有德国国籍的人。

欧盟法的一般歧视禁止（欧洲联盟运作方式条约第18条）要求给予欧盟公民和德国公民平等的对待，其结果是，来自欧盟成员国的外国人在自由权的领域内享受（与德国人）同样广泛的基本权保障。 96

其他不属于欧盟成员国的外国人则只能援用适用于任何人的基本权以及基本法第16a条中特别适用于外国人的权利（避难权）。但普通法律经常授予外国人以等同于德国人的权利，例如集会法第1条第1款的集会自由同样适用于外国人。 97

根据基本法第2条第2款和第1条第1款，德国基本权的保护始于人尚未出生之时（例如堕胎）且并不一定终于死亡之时，相反，它可以延伸至死亡之后（例如损害声誉）。 98

（二）法人

根据基本法第19条第3款，基本权亦可适用于私法人，但仅限于该权依其性质能够适用于法人的前提下。法人指人和物构成的、法律规范承认其可能享有法律权利、承担法律义务的适格性的整体，诸如股份公司（AG）和有限责任公司（GmBH）。例如基本法第5条第1款依其性质可以适用于经济企业，而基本法第1条第1款则反之，因为企业不具有"人的尊严"，但可以通过发言人公开发表言论。又例如基本法第12条第1款不仅保护个人选择与从事职业的自由，也保护经济企业的营业自由。由于欧盟法的歧视禁止（欧洲联盟运作方式条约第18条），这种基本权保障范围由自然人到法人的扩张既适用于国内法人，也适用于欧盟内的外国法人。 99

与之相对，基本权原则上不适用于公法人，即国家、国家社团和营造物。国家是基本权的义务主体而非权利主体（基本法第1条第3款）。但公法人例外地享有基本权的情况存在于程 100

序基本权遭到侵害时（基本法101条和103条）或公法人在远离国家性的特别领域中对个人自由的行使履行组织任务时（公立高校与大学在基本法第5条第3款和第12条第1款范围内、公共广播机构在基本法第5条第1款范围内、根据基本法第140条结合第137条第5款被作为公法性组织建立起来的教会在基本法第4条范围内受到保障）。

二、 实体保障范围

101　　实体保障范围指基本权所保护的生活领域。受保护的通常不只是作为（所谓的*积极自由*），还包括不作为（所谓的*消极自由*），例如基本法第五条第1款既保护发表言论的自由，也保护不传播自己的看法的自由。

第五节 对基本权保护的干预

102　　基本权的防御效力的展开发生于基本权所保障的自由领域遭到公权力行为的妨碍或减缩时，这种妨碍或减损称之为对基本权的干预。

103　　干预可以通过行政行为、法庭判决或法律进行。现代的干预概念指任何使基本权保障范围内的个人行为完全或部分无法实现的国家干预。例如当国家禁止某人奉行他的信仰时，它就减缩了基本权所保障的宗教自由（基本法第4条第1款、第2款）。

104　　但是应当注意，干预尚不意味着基本权受到了侵害或违反。对基本权的干预的法律后果更多的在于，基本权与整个宪法要求对干预基本权的特定合法化前提，也就是使对基本权的干预被允许化的前提，只有在个案中没有满足这些前提条件时，才存在对基本权的违反。即，当国家干预了基本权时，关键问题始终是该干预是否在宪法上被合法化。

第六节 对基本权的限制

一、法律保留

没有无限制的自由，享有同等自由的人互为彼此自由的界限。因此对基本权的保障也不是无限制的，任何基本权都必须接受保障他人基本权或实现公共福祉所必需的限制。 105

在民主的法治国中，只有立法者能进行这种衡平，*法律保留*适用于基本权领域。只有立法者才有权通过普遍适用的法律来确定个人基本自由权利的条件与界限。因此对基本权的干预只能通过法律或基于法律（通过行政和司法）实现。基本法区分了法律保留的不同类型，它们被载明在很多基本权条文本身之中，分为一般法律保留与特殊法律保留。 106

二、基本权法律保留

*一般法律保留*指明文允许通过或基于法律对基本权进行限制的情况。例如根据基本法第8条第2款，可以"通过或基于法律"限制露天集会自由。 107

*特殊法律保留*是指将基本权干预合法化的法律必须满足特定的明确的要求。例如按照基本法第6条第3款，只有当养育权人不能履行义务或子女出于其他原因面临堕落的危险时，方可依据法律，违背养育权人的意志将子女与家庭分离。又如对在全国境内的自由迁徙的限制仅限于基本法第11条第2款所述的情况。 108

三、宪法直接限制

最后，也有未被明确置于法律保留之下的基本权，如基本法第4条第1款和第2款、第5条第3款第1句等。但这也并不意味着这些基本权是不可限制的或者说无限受保护的。它们也必须接受限制，但仅限于特别加重的限制，也就是说，只有对第三人的基本权或其他被归入宪法级别的权利的保护才能使基本权干预合法化。此时，分属不同基本权主体的两个基 109

本权、或基本权与另一宪法级别的权利相互冲突（宪法权利冲突）。例如一个人的艺术自由（基本法第5条第3款第1句）可能与他人的人格（基本法第2条第1款）或财产（基本法第14条第1款）保护发生冲突，发于宗教动机的行为（基本法第4条第1款、第2款）如献祭（犹太教或伊斯兰教仪式中宰杀动物）可能与客观宪法价值如此处的动物保护（基本法第20a条）相抵触。这些情况中，需要进行审慎的权衡（可行性协调），但同时也始终需要立法者来进行决断，也就是说这时的基本权干预亦被置于*普遍的法律保留之下*，这是法治和民主的宪法原则的应有之义。

第七节 对基本权限制的限制

110　对基本自由权利的限制不得严苛到该自由损失殆尽的程度，否则基本权便无任何价值了。相反，国家的任务是尽可能多地保障基本权，也就是把对基本权的限制控制在尽可能小的范围内。因此，对基本权的限制本身也必须收到限制，后者称为限制之限制。

一、*比例原则*

111　意义最为重大的限制之限制是比例原则，它承载着实质正义的理念。国家不应过度限制基本权，也就是不得进行超出必要限度的限制（禁止过度）。这既适用于对基本权做出一般性限制规定的法律，也适用于在个案中实施基本权限制的法律适用。

112　为了认定合比例性，必须首先确定基本权限制所服务的目的。对基本权的干预必须是对于实现该目的所（1）适当、（2）必要和（3）狭义合比例或曰符合衡量性的。*适当性*是指，干预手段必须至少可能有效地促成目标的实现。*必要性*指在所有同等适当有效的干预中，不存在其他侵害更小的选项。最后，*手段和目的之间的比例关系必须均衡*。

例如尽管有基本法第6条第2项的规定，但规定将儿童与 113
惯常殴打他的母亲分离并交给儿童托管机构或养父母的法律
也是合比例的。儿童的利益构成合法目的，将其与母分离对
于保护该儿童利益是适当的，而且，没有更轻的、但却能同
样适当有效使儿童免遭继续殴打的手段，此外，无视基本法
第6条第2款的父母权利将儿童与父母分离也符合衡量性，因
为当（且仅当！）儿童利益面临严重危险时，对儿童的保护居
于优先的上位地位。

比例原则并不明文见诸基本法的宪法规定中，但它是一般 114
法治国原则（法治国家是"节制的国家"）和基本权本身的必
然要求（因为国家虽然可以对基本权进行限制，但也受基本
权约束，基本法第1条第3款）。

二、可行性协调原则

可行性协调原则适用于宪法权利冲突的情况（见上文第 115
六节、三）。相互冲突的基本权或宪法地位应通过权衡达到
统一，使二者均能尽可能地伸展。为了最大限度地保证多个
冲突基本权利的有效性，对一个基本权的保障范围的限制只
能及于保护另一基本权所一定必要的范围之内。

三、本质内容保障

本质内容保障为侵犯基本权设立了最后的、不可逾越的界 116
限。基本法第19条第2款规定，"任何情况下均不得侵害基本
权的本质内容"，从而防止基本权被立法者架空。这里原则上
以个案中涉及的基本权为准，而非对基本权的整体性、普遍
性的保障。

第八节 基本权特别保障

根据基本法第79条第3款"永久条款"的规定，不得进行 117
触及到基本法第1条（和第20条）中不可或缺的原则的修宪。

118　此外，按照基本法第19条第1款第1句（*个案法律禁止*），限制基本权的法律必须普遍适用，即不依赖于个案而适用于任何人和任何案件，从而预防立法者的恣意。

119　对于特定的限制基本权的法律，还适用*援引/要求*（基本法第19条第1款第2句），也就是说，限制基本权的法律必须指明涉及的基本权及其条款号。该规定有助于法律的明确性，立法者亦由此对自己以新的立法限制了基本权一事保持自警。

第九节 核心基本权概览

120　为免失之宽泛，以及出于篇幅原因，接下来将略去对德国所有基本权的详尽阐述，从而聚焦于一些重要基本权利之上。

一、人的尊严的不可侵犯性

121　确保人的尊严的不可侵犯性（基本法第1条第1款）居于基本法的首位。该保障是最高宪法原则。为了自身，人皆拥有对自决、对作为人类被尊重的诉求。人的尊严是他所拥有的、受人权与基本权保障的自由的基础。

122　人的尊严是"不可侵犯的"，这意味着他不得遭受贬损的、非人的对待，也不得被当成单纯的客体。不可侵犯性中还包含了对刑讯和安乐死的严格禁止。同样被基本权第1条第1款禁止的还有人体克隆、产前筛选和堕胎也就是杀死胎儿（有少量例外）。生命终焉之时亦不得进行积极的，即导致死亡的安乐死。此外它还包括了对人性尊严的基本生存条件的权利，例如需救济者对生活之资或住所救济的请求权。在所有涉及人性尊严的情况中都不得将其与其他法益进行权衡，对人性尊严的侵害无论如何都无法被合法化。

123　通过基本法中对不可侵犯的人性尊严的明文保障，德国为自己树立了反对任何蔑视人性尊严的极权主义——正如它在1933到1945年的纳粹政权下所经历过的那样——的立场。

二、一般行动自由、生命与身体不受侵害权、人身自由

基本法第2条第1款保护个性人格的自由发展,这指个人的一般行动自由。人人皆许依其自身决意做他认为有意义的一切为与不为。这个保障范围因而非常广泛,包含了所有人的行为,而不考虑它事实上是否真的有意义或者是否对个人、集体有所裨益。基本法第2条第1款由此做出了对积极自由发展的完整无漏洞的基本权保护。它所保护的是全然的人的自由。人皆应有权独立自主地塑造自己的人生。基本法第2条第1款因此是主自由权。 124

所有其他的基本(自由)权利都从特定的自由领域的角度保障着人的自由,例如人身自由(基本法第2条第2款第2句)、宗教自由(基本法第4条第1款、第2款)、言论自由(基本法第5条第1款)或文艺自由(基本法第5条第3款)。这些特别自由权与基本法第2条第1款的主自由权之间教义学上的关系是:基本法第2条第1款是特别自由权的辅助性兜底,也就是说基本权特别法优先适用。例如奉行宗教的自由就因而通过并按照基本法第4条第1款、第2款得到基本权保障,而非根据基本法第2条第1款。但如果个案中所涉及的不在任何一个特别自由权的范围内,则可以援用基本法第2条第1款。所以,基本法第2条第1款是所谓的"兜底基本权",从而防止对各特别自由权的过窄解释导致特定的自由落于宪法基本权保障之外。 125

基本权第2条第1款与第1条第1款的结合引出了一般人格权,由此,个人名誉、人的私人空间、对自我的自决表现权、对自己的图像与文字的权利以及信息自决都受到保护(数据保护)。不同于以人的外向发展为对象的一般行动自由,这里关注的是自由个性人格发展的内在条件,即在自己的私人生活空间内免于纷扰和决定自己身份认同的权利。 126

基本法第2条第2款第1句保护生命权与身体不受侵害权。人身自由(基本法第2条第2款第2句)允许每个人选择自己的居留与安身之处,亦许人远离其他地方,它包含着身体移动 127

的自由。因此，警察不得拘留他人超过四十八个小时。只有法官才能在移交被拘留者后下达剥夺其自由的命令（基本法第104条）。

三、平等

128　基本法第3条第1款规定了人人平等自由的原则与基本权。在普遍适用于所有人的法律面前，每个人都享有和他人相同的自由。但该条款并不以此要求人千篇一律，也不要求人之财产、思想、住所和人生目标相同。每个人都是不同的，他们对平等之自由的使用也因此互不相同。

129　但国家及其服务者不得恣意地区别对待基本相同的情况或对基本不同的情况做同样处理。这样的不同（或相同）处理必须具有实体上的合法化原因，否则便归于恣意。无论是法律，还是行政中的法律适用，都是如此。

130　基本法第3条第1款提供主平等基本权的保障，它只有在穷尽特别平等权的时候才得适用。基本法第3条第2款和第3款分别规定了男女平等和禁止歧视，它们是平等权的具体表现。

四、宗教自由

131　基本法第四条所保护的不仅是个人皈依和奉行特定宗教的权利，还包括了宗教和世界观自由。在德国，国家必须保持在世界观和宗教上的中立，不得皈依任何宗教。

五、言论表达自由、信息、新闻出版、广播和影视自由

132　言论自由、信息、新闻出版、广播和影视自由（基本法第5条第1款）是自由民主的基本秩序不可或缺的。每个公民都有权自由发表言论并免于因此受到国家处罚之虞。同时传媒的报导也是自由的，这首先意味着禁止任何新闻检查。信息源（广播、报纸、互联网等）的多元性维护着德国中立和制衡的信息供应。个人应始终能够接触公共信息。

六、集会自由

集会自由（基本法第8条）保障人们集会和以群体形式公开表达意见的权利。它也同样是自由民主所不可或缺的，因此国家不得要求集会或示威提前登记，也就是说这些活动无需政府批准。但前提是集会和平无武装，只有在这个范围内，自由才能得到基本权保障。

七、职业自由

职业自由包含了所有德国人均享有的自由选择职业、工作岗位和培训场所的权利（*职业选择自由*，基本法第12条第1款第1句）和自由从事所选择的职业的权利（*职业从事自由*，基本法第12条第1款第2句）。但基本法第12条并不保证事实上被雇佣的机会。首先，从事某些职业要求个人具有相应的资质，其次当然以现存岗位为限。基本法第12条并不提供工作权和全民就业。

八、财产权

基本法第14条第1款保护财产权利，也就是保护所有属于个人的具有财产价值的权利。对有体物财产（房屋、汽车等）的权利和公司权、著作权、债权类诉求（支付请求权、返还请求权等）都属于财产权。作为对财产权的剥夺，征收是对当事人的严重侵犯。因此，只允许基于法律并且提供适当补偿的征收。而且即便这种征收也只有公共利益特别需要时才可能进行（基本法第14条第3款）。另一方面，财产权的行使需接受社会性拘束（基本法第14条第2款）。换言之，当维护正当的社会关系必需时，可以在此范围内对财产权利益进行合比例的限制。

第二编 行政法
第一章 一般行政法

136 　　按照基本法第30条，国家职权的行使和国家任务的履行原则上是各州的事务。因此，国家行政活动的行使也主要在于各州（基本法第83条及以下）。联邦只有在国防、外事、联邦财政等特定领域才拥有自己的行政（详见前文第一编、第二章、第一节、三）。

137 　　*国家直接行政*时，国家（联邦或州）构成（有法律能力的）行政主体，他们支配着自己的（无法律能力的）、完成行政工作的机关。与之不同的是国家间接行政的组织形式，即国家设立其他具有法律能力的机构（公法法人），由它们通过自己的机关来履行行政任务，并接受国家的法律监督。它们中首先有乡镇与县（地方自治体），但也有国家退休保险与国立大学等。这些都在基本法与*行政组织诸法*中得到个别的规定。

138 　　此外，行政法还包含了所有规定行政主体与公民之间、行政主体之间、行政主体与它们的机关之间的法律关系的法律规范。在与公民的关系上，行政法主要规定公权力行政的管辖范围、任务、手段与权限。一般行政法包含了原则上、普遍的规定（主要在行政程序法中），而*特别行政法*则详细规定各个事务领域（如经济行政法、环境行政法、建设行政法）。

第一节 行政合法性
一、*法律优先与法律保留*

139 　　任何行政活动都不得违背既有法律（*法律优先*）。公民无需忍受违法行为，通过诉诸法院，他可以使违法行政活动被法院认定为违法或撤销。

140 　　法律约束包括了（联邦议院或州议会的）议会法与所有其他非议会法的法律规范（规章，规定）的约束力。欧盟法亦在此列，当欧盟的法律规范与法律行为在德国直接适用或应以其他形式被遵守时，行政亦受其约束。

所有这些法律和规范对行政的约束力都以它们本身的合法性为前提。所有法律都必须符合上位法。因此行政必须注意法律规范之间的层级关系：欧盟法应始终被优先适用（见下文，第五部分、第二章、第四节、四），此外宪法高于所有法律，联邦法高于一切州法，法律高于规章，规章高于规定。 141

此外，基于基本法第20条第3款，行政合法性原则还意味着，在*特定情况下*不得无法律基础而为行政（*法律保留*）。尤其是当行政行为干预公民自由权或财产权时（干预性行政），只有允许该干预的议会法（法律授权基础、权限规范）才能使其合法。权限规范只有在议会法律授权的情况下，才能由规章或规定出具。一些基本权的法律保留是这种法治国中一般的法律保留的特别规定（如基本法第2条第2款第3项、第5条第2款、第8条第2款）。 142

二、 *羁束行政与裁量行政*

对行政合法性要求的遵守应接受司法控制。应行政行为当事公民之申请（诉讼），法院对该行为的合法性进行审查（比照基本法第19条第4款）。但法院也不能取代行政（*分权原则*）。当法律赋予了行政以行为裁量权时，必须保证行政行为拥有独立的决策空间。 143

这指的是法律并未强制性规定行政必须在特定要件下采取特定行为（*羁束行政*），而是给予了它行为的可能性的场合。此时行政得以自己决定是否在个案中采用法律规定的法律后果（所谓的裁量行政）。例如经济公法规定有关机关"可以"或"有权"剥夺营业许可（准许，授权），则该机关可以在法律规定的前提具备时自己决定是否进行该处分。但它的行为不得恣意，裁量的实施必须遵循法律界限（行政程序法第40条）。对行政的司法控制只限于控制其是否遵守了该界限。 144

类似的情况是，尽管法律规定了要实现特定目标（如规划乡镇与区域内"协调"的空间发展），但未从内容上对其加以具体规定。

145 　　最后，法律可能使用所谓的*不确定法律概念*。例如法律授权了在营业者被认定为"不可靠"时禁止其营业，那么问题就并不首先在于机关是必须（羁束行政）还是可以（裁量行政）进行该处置，而在于"不可靠"的要件是否具备。在一些情况下，这种不确定法律概念为行政开启了自己的解释和判定空间，使其大幅规避了司法控制。但多数情况下行政判断对于法院来说完全是可审查的。

三、比例原则

146 　　行政行为合法性原则还要求它符合比例原则。尤其是所有会减损（干预，负担）当事人受到基本权保护的自由或财产权的机关处置、指示或措施，都受其约束（关于合比例性要求，见前文第一编、第三章、第七节、一）。

第二节　行政行为的法律形式

147 　　在法律的准绳下（见前文第一节），行政既活跃于个案（个人的、具体的）中，亦可产生普遍约束效力（抽象的、一般的）。在个案中，行政针对公民实施*行政处分*（见下文第三节）。

148 　　行政（针对不确定的公民和案件群体）以规章或规定的形式进行一般立法。它们不是（议会法那样的）正式意义上的，而是实质意义上的法律。规章由政府、各部或其他行政机关依照法律（基本法第80条第1款）颁布，将法律规定加以具体化（如基于循环经济法的包装规章）。规定通常是法律上独立的行政主体（间接国家行政）为规定宪法与法律授权其自行规定的事务而颁布的（如乡镇的建设规划）。

第三节 行政处分

一、定义

行政处分是行政行为典型的和实践中最重要的形式。它（行政程序法第35条第1句）指机关用以在公法领域对个案进行规制、外向型尤其是对公民产生直接法律效力的所有处分、决定或其他主权措施。也就是说，行政处分向公民规定了，他在特定个案中依照法律基础具体应遵守什么。 149

二、种类

行政处分主要分为两种：授益处分与负担处分。*授益行政处分*授予其对象以法律上的利益（如建设许可、营业许可、发放补助）。*负担性行政处分*则通过要求当事人的特定作为、承受或不作为，从而限制其行为自由（如警察处分、禁止营业、禁止集会与建筑拆除指令）。 150

三、有效性、可撤销性、存续力和强制执行力

行政处分自对它所针对的或涉及的当事人公布时对其生效（行政程序法第43条第1款和第41条第1款）。自此时起，公民必须遵从。行政处分在它未被撤回、废止、废弃、到期或以其他方式完结的时间和范围内保持有效（行政程序法第43条第2款）。只有无效行政处分是自始无效的，这指的是行政处分带有特别严重的法律错误的情况（行政程序法第43条第3款、第44条）。由此可见行政处分的一个特点便是即便违法的行政行为也具有约束力，它一旦公布便对当事人产生法律效力（行政程序法第43条第1款第1句）。 151

但公民不必接受违法的负担处分，相反，他可以通过诉诸法院来*撤销*行政处分（行政法院法第42条第1款）。当所诉成立，法院亦认为行政处分违法且侵犯了原告的权利（行政法院法第113第1款第1句）时，它就会被法院废除。当行政机关不为授益处分（不作为）时，公民亦可起诉。此时法院可以 152

通过判决行政履行其义务，履行相应行政处分（行政法院法第113条第5款）。这两种情况的起诉期限均为一个月（行政法院法第74条）。逾期则行政处分不可撤销，也就是具备了*存续力*(关于行政程序法请参见下文第四部分、第三章)。

153　行政机关可以*强制执行*它所发布的且对公民来说不再可撤销的行政处分。也就是说行政机关可以无需法庭判决而通过强制手段来贯彻不被公民遵守或被其无视的行政处分。行政强制执行法对此进行了具体的规定。当强制执行处分违法时，公民亦可通过向法庭起诉来对抗。

四、 形式、确定性与理由

154　行政机关可以书面、口头或其他形式发布行政处分（行政程序法第37条第2款）。处分对象与内容必须对当事人清楚可辨（行政程序法第37条第1款）。不确定性能够导致行政处分违法，但该处分并不因此无效。此外，根据行政程序法第39条第1款第1句，书面形式的行政行为必须由行政机关说明理由，也就是将采取该措施的原因告知公民。

五、 附款

155　根据行政程序法第36条，行政处分可以带有附款，但附款不得违背行政处分本身的目的。附款具体可以：

156　规定授益或负担行政处分于特定时间开始、结束或持续（*期限*）；授益或负担的开始与取消视不确定的未来事件而定（*条件*）；*保留废止的权力*；受益人需为特定的作为、承受或不作为（*负担*；或*保留*事后追加、变更或补充该负担的权力。

六、 *行政机关废除行政处分（撤销、终止）*

157　行政机关可以在满足一定前提时事后废除自己的行政处分，不可撤销（具有存续力）的处分亦在此列。在行政机关的废除行为中,需要区分对违法行政处分的*撤回*和对合法行政处分的*废止*。被撤回或废止的行政处分归于无效(行政程序法第43条第2款)。

行政机关可以根据行政程序法第48条第1款第1句,随时撤回违法的负担性行政处分,该撤回对未来并回溯地对过去产生效力。但如果行政处分包含了对当事人的授益,则撤回应受到限制。因为如果当事人对行政处分的合法性抱以信赖信赖且该信赖相对于公共利益更加值得保护时,该行政处分就不得撤回(行政程序法第48条第2款)。 158

合法的负担性行政处分可以随时被废止并随之不再对未来产生效力(行政程序法第49条第1款)。相反,因为必须考虑受益人的合法利益,合法的授益处分无特殊理由不得废止(行政程序法第49条第2款)。尤其是可能因此产生行政机关的赔偿义务(行政程序法第49条第6款)。对于为实现特定目的而进行一次性或持续性金钱给付的合法授益性行政处分,适用特殊规定(补助,行政程序法第48条第3款)。 159

第二章 特别行政法

第一节 一般警察与秩序法

根据基本法第30条、第70条,警察与秩序法的立法权限原则上归于各州。尽管各州均有自己的规定,但这些州法几乎并无什么不同。 160

一、警察任务

(州)法将防卫公共安全与秩序所面临的危险规定为警察(治安)与秩序机关的任务(预防性)。危险防卫之外的其他警察任务领域还有*刑事追查*,即查明犯罪、追查罪犯(压制型)。此时警察不再作为危险防御机关,而是作为检察院的调查机关进行活动。对此的法律基础不再是州警察法,而是联邦刑事诉讼法。此外,警察还承担着追究治安违法的义务,例如 161

处罚违章停车与超速驾驶。此时，警察在联邦秩序违反法的框架下活动。

二、 一般危险防卫任务

162　　也就是说，（仅）当履行*防卫*或*预防*对公共安全与秩序的危险时，警察与秩序机关以州警察法为准绳。只有当事人无法及时得到司法救济时，警察机关才对纯私人权益进行保护。

163　　*危险*是指，按照一般、客观与理性的认识，对公共安全与秩序带有未来损害可能性的事实情况。

164　　公共安全指法秩序政体、个人权利与法益、以及国家组织机构（大学、中小学、游泳场）与活动。

165　　公共秩序包含了所有对于和平、有序的人类共同生活不可或缺的、对人类在公共领域中的行为的不成文规则。

三、 危险防卫的具体措施

166　　非常一般、普遍的风险状态尽管开启了防御危险的警察任务，但尚不足以授权警察采取具体的危险方位措施（尚未从任务实现为职权）。警察的每一步都需要规定了警察活动的前提、手段与界限（*法律保留*）的特别的*法律授权*（授权规范）。缺乏或超越该权限的警察措施是违法的。

167　　警务干预权限通常以对公共安全与秩序中的法益的*具体危险*为前提，即危险在个案中存在且不加干涉的话会招致损害产生的盖然性（事前视角），例如房屋坍塌、瘟疫传播、地层毒害、犯罪发生、活动受扰、交通障碍、公共空间受损等。这些危险既可能由人、也可能由物引起。一些授权规范甚至要求危险必须在警察干预之前就是现时、直接与紧迫的。另一方面，也有在风险早期就允许警察预防危险的（防卫）活动的授权规范。此时有线索现实表明具体风险可能产生即为已足。

在前提之外，授权规范（作为法律后果）还规定了警察 168
与秩序机关为风险防卫与预防可以采取的手段，例如对人或
住宅的搜查、对物的保管、管束、驱散、确定人员身份、采
集与储存数据、提交数据与记录、控制机动车辆、监控公共
场所等。

由于这些（特别）授权规定不可能涵盖现实中的任何危 169
险，法律补充性地也赋予了警察一般性职务权限（授权），据
此警察可以在危险公共安全与秩序具体风险于个案中存在而
警察法授权规范和其他法律都未授权对其进行防卫时做出"必
要指令"或采取"必要措施"。例如在引发暴力活动或其他危险
的集会（示威）中，有关警察与秩序机关原则上只能按照特
别的集会法的规定行动。

四、妨害人与无责任人

（一）妨害人

警察措施首先针对的是妨害人。妨害人可以是通过其行为 170
对公共安全与秩序造成损害的人（*行为妨害人*），也可以是对
引起危险或妨害的物的物主、其他权利人或事实支配者（*状
态妨害人*）。两种妨害特性可同时存在。无论是对行为妨害人
还是状态妨害人，都无需参考妨害的造成是否有责。

如果客观上并未妨害，但在警察或秩序机关的理智考察中 171
具有妨害人的表象，就是所谓的*表见妨害人*。出于警察行动
的效率性，表见妨害人被认定为妨害人。与之不同的是警察
出于客观上可以认识到的错误将某人认定为妨害人的情况，
即*假想妨害人*。假想妨害人不是妨害人（见下文）。如果仅仅
存在某人可能应对既存风险负责的嫌疑，则为*嫌疑妨害人*。
此时警察只能针对他采取危险探查措施。

（二）非妨害人

非妨害人也可能成为警察措施的相对人。但由于当事人无 172
责，这些措施只有在非常特定的前提下才被允许：必须存在

无法通过追究行为和状态妨害人及时规避的危险，而且警察也无法以其他方式规避该危险。此外绝不能危害到非妨害人自身。例如所谓的警察紧急状态下只有在无法以其他方式阻止危险的时间与范围内才能对无关行人采取措施。例如火车车祸时为将伤者运往医院而拦停私人载具。在这种紧急状态下，因此遭受了财产损失的非妨害人应得到赔偿（见下文，八）。

五、决定裁量与选择裁量

173　警察与秩序法中适用*便宜原则*。这意味着在法律授权的准绳下，警察与秩序机关裁量决定是否采取危险防卫措施（*决定裁量*）。与之相对的，在（压制性的）刑事追究的法律中适用法定原则：当存在犯罪或犯罪嫌疑时，警察必须（服务于检察院）就查明罪犯调查犯罪展开行动。相反，危险情况下，为了避免产生更大更广泛的警务危险，警察可以基于情况部分或完全放弃防卫措施。但裁量不得恣意、不得违背既有职权规范、实行中必须尊重比例原则（见下文，六）。

174　同理也适用于所谓的*选择裁量*。这种警察裁量是关于采取的危险防卫措施和（当措施可以针对多个危险引发者时）所针对的妨害人的选择的。对这两个方面的裁量都适用警务效率原则：警察措施（在职权规范框架内）的内容和所针对的妨害人必须以能够最快、最有效地进行风险防卫为准。

六、合比例性

175　最后，所有警察措施都必须合比例。这是警察职权最重要的法治界限。措施必须对危险的有效防卫和预防适当、必要、符合狭义比例原则，对当事人来说是可期待的（关于比例原则请参见上文，第一编、第三章、第七节、一和第二编、第一章、第一节、三）。

七、强制手段

(一) 前提

从法律上来看,警察措施要么是要求妨害人放弃或清除对公共安全与秩序的危害的命令性行政处分(如勒令退场、清洁被污染的地层),要么是警察针对妨害人的事实行为,它同时包含着要求妨害人承受此事实行为的命令性行政处分(如对人的管束、对物的保全)。当妨害人不遵守警察命令或对抗警察行为时,为了使危险防卫措施得到事实上的贯彻,警察可以依据*特别法律授权使用强制措施*(所谓的行政强制或行政强制执行)。 对此(相对于规定行政处分的一般强制执行法,见上文第一章、第三节、三)优先适用特别的警察强制执行法的详细规定。 176

使用强制手段的前提原则上是:行政处分已作出、不可撤销或可以立即执行,且事先指明了具体的强制手段。 177

在这些前提不具备的情况下,也可能例外地采取*立即强制执行性*的强制手段。立即强制执行只有在规避现时的或紧迫的危险所必要、针对妨害人或警务紧急状态下针对无责任人的措施客观不可能或无法达到效果时才被允许。但警察不得逾越他的法律职权范围。也就是说,如果警察在之前就做出了行政处分,那么他在立即执行中不得越界。 178

所有的行政强制措施的相对人都可以通过一个独立的司法程序对抗该措施。 179

(二) 强制手段的种类

法律允许的强制手段有:代执行、强制金和直接强制。 180

代执行指警察机关自己或者第三人履行(行政处分)所要求的行为,费用由责任人承担。也就是只能用于履行可代替执行的行为义务。例如:通过警察所委托的企业拖走错误停放的车辆。承受或放弃自然无法被代执行。 181

182　　命令与强制都可以通过*强制金*来推行。强制金并非惩治不法或不服从，它既不是刑罚也不是行政处罚，而是强制义务人清除或放弃公共危险。例如对违法持续向野生动物喂食处以强制金。如果一次强制金未能奏效，可以再次动用。如果不缴纳强制金，警察机关甚至可以应申请处以*代偿强制拘留*。

183　　*直接强制*是指通过或借助身体强制，包括使用武器，在特殊前提下甚至使用枪械对人或物施加影响。

八、赔偿请求权

184　　对警察与秩序法上的活动导致的妨害人的损失原则上不进行赔偿。妨害人的赔偿请求权只可能存在于对他施加的措施违法且由此对他造成了损失的场合。

185　　在警察紧急状态中被干预的非妨害人可以依法要求对他因此所遭受的损失进行适当赔偿。

九、警察的费用与补偿诉求

186　　警察与秩序机关通常可以要求促发了危险防卫措施的妨害人就该措施产生的费用进行补偿。此偿还诉求要么是在（州）警察法，要么是在（州）行政费用法中得到规定。主管机关通过发布一个行政处分（费用通知）来主张该费用。这个行政处分也可以被法庭撤销。它的合法性当然地以引起费用支出的警察措施本身合法为前提。

第二节 公共建设法

187　　公共建设法包含了关于已被构筑或可被构筑的土地，以及建筑事务与建筑计划的规定。德国建设法中区分建设规划法与建设秩序法。*建设规划法*——在空间规范的预设框架下（见下文，三）——规定地产上是否和在何种范围内可以进行构筑。相反，建设秩序法确定对具体建设计划的特殊安全与塑造要求。建设规划法处于联邦立法权限内（基本法第74条第18、第31项），被规定在建设法典中。而建设秩序法则由各州颁布，载于不同的州建设法规中。

一、建设规划法

建设规划法的最重要内容是对自治乡镇中*建设指导规划*的规定。自治乡镇应当制定建设指导规划，它通过对乡镇内地产的建设或其他使用施加规定、进行控制，从而在整体上保障服务于公众福利（如保护并促进社会公正、环境保护、经济与文化，建设法典第1条第1、3、5、6款）的可持续的城市建设发展。这具体是指在设立建设指导规划时，应调研对乡镇建设发展具有意义的各个公共与私人利益，并在它们之间做出公正合理的权衡（建设法典第1条第7款、第2条第3款）。 188

建设指导规划通常分为两个阶段进行：首先是*土地利用规划*（预备的建设指导规划），随后是通过*建造规划*（建设法典第1条第2款）给出具体的、有约束力的建设指导规划。建造规划由自治乡镇，也就是所有公民民主选出的乡镇议会通过并成为具有法律约束力的规定（建设法典第10条第1款）。 189

土地利用规划（建设法典第5条及以下）赋予整个乡镇区域以土地利用所追求的类型的雏形，例如绿地、居住用地、商业用地、工业用地等应居于何处。就乡镇区域内土地的利用，土地利用规划只应是准备性的。 190

紧接着的*建造规划*（建设法典第8条及以下）原则上从土地利用规划发展而来（建设法典第8条第2款第1句）。建设规划通常只涉及乡镇区域内的特定部分，包含了对那里地产上的建设利用的具体形式与规模、建设方式、建设界限或地方交通、绿地、公共供给设施用地等具有法律约束力的规定。例如由此可以具体规定，具体建设区域须有何特性（如纯居住区域、乡村区域、工业区域），各个区域须如何隔开、建筑物可被允许的范围与高度、构筑可以逼近地产界限的程度、 191

建筑物的屋顶倾斜度、街道、人行道、自行车道、供给管线如何排布、绿地、游玩场所、墓地或停车场置于何地等。

192　　如果预想的规划（建设法典第29条）符合这种建造规划的规定且通达性得到保障（街道的通达性、水电供应等，建设法典第123条及以下），它的建设从建设法视角来看就是被准许的（建设法典第30条），反之则不行。一些例外和排除建造规划也可能在个案中被允许（建设法典第31条）。

193　　如果特定区域里例外地没有建造规划，那么建设规划的许可取决于区域事实特性。在相连建筑区域（*内部区域*）内，建设利用、建设方式、所建土地的种类、规模可以融入周边环境本身特性，能够保证通达性时，规划可行（建设法典第34条第1款第1句）。如在居住区域内原则上不得建立工厂。

194　　为了维护自然的周边环境，在建设区域外围（*外部区域*），只有不违背公共利益，保证足够通达性且得到了法律特许的规划才是可行的（建设法典第35条第1款），例如服务于农业或林业且只占用次要区域的规划（建设法典第35条第1款第1项），以及服务于农业或林业生产、但因为对周边环境的不良影响只能在外部区域实施的规划（建设法典第35条第4项）。其他外围区域的规划只能在不损害公共利益，保证通达的前提下才能个别地得到准许（建设法典第35条第2款）。对公共利益的损害尤其存在于规划违背土地利用规划设定形态、可能造成破碎居住区（散居地貌）、引发或使遭受有害的环境影响等情形中（建设法典第35条第3款）。

二、*建设秩序法*

195　　建设秩序法首先是保护公众不受建设工程的*危害*。因此，该法的要求诸如建筑之间遵守间隔场地等。它既有关于稳定性、防火、隔热、隔音、抗震，也有关于建筑材料的使用和建设工地的运营等的规定。

除了这些要求，州建设秩序法还规定了诸如*建设许可程* 196
*序的要式*等。过去，几乎所有建设规划都需要建设许可。但
由于这一程序过于耗时和繁琐，今天，符合建造规划的居住
建筑和小型商业建筑的建造不再需要许可。但其他情况下，
即不具备或偏离了建设规划，则行政机关可以责令其中断甚
至清除。

三、 空间规划法

和自治乡镇内部一样，跨区域整体空间的有序、可持续 197
发展也应得到保障。空间秩序法对此进行规定。据此应促使
均衡的跨区域（州内或甚至联邦内）社会、基建、经济、生
态、文化关系（空间秩序法第2条第2款第1项）。为了对这些
提供保障，州及其下属区域（规划区域）的行政应颁布*空间*
秩序规划（州发展规划、地区规划），它既从整体上，也从各
个专业角度（居住、商业、工业、交通线路、能源、水、远
程通讯、休养、体育、病护、教育、科研、文化等）规定跨
区域结构发展的大体标准。乡镇中的建设指导规划应与跨区
域空间秩序规划的预设（目的）相适应（建设法典第1条第4
款、空间规划法第4条第1款）。跨区域规划也应该反过来注
意地方的规划权能（所谓的对流原则，空间规划法第1条第3
款），由此保障整体空间理性、协调的结构发展。

第三节 地方自治法

一、 乡镇的法律能力

自治乡镇在国家机构中占有特殊的地位。它们不是（法 198
律上不独立的）国家（联邦、州）机构，而是国家中具有自
己法律能力的公法法人（间接国家行政，见上文第一章）。它
们由法律确定的特定地方区域的公民们组成，因而人们称之
为地区实体。乡镇联合体（县）由多个乡镇依照法律联合而
成。县也拥有自己的法律人格（地区实体）。乡镇与县统称为

地方自治体。地方自治体（并非单个个体，而是在整体上）的存在受到基本法第28条第2款的宪法保护。

二、乡镇的自治行政权

199　　基本法第28条第2款第1句认可乡镇为自己事务的独立承担者，它们享有自治行政权。按照该*自治行政权保障*，乡镇可以在法律框架内自我答责地规定与完成一切地方共同体的事务（所谓"行政高权"，例如为乡镇区域设立建设规划的建设高权）。同理也适用于所有的乡镇联合体（基本法第28条第2款第2句）。但该权并非真正的基本权，而是一种与基本权相似的权利。当有法律过分限制或完全无视地方自治行政时，乡镇可以依照基本法第93条第1款第4b项向联邦宪法法院提起地方自治宪法诉愿。

200　　地方共同体事务是指植根于*地方共同体*之中，或与其有特殊关联的事务。该自治行政领域被称为乡镇的"*固有作用领域*"。乡镇据此以自己的权能享有主管所有这些地方责任事务的职权并对自己负责。但（国家的）法律也可能——例外地——做出不同规定或对该自治管理权能的实现进行或详或略的规定，例如在地方废水排放、饮用水供给、城市建设规划（建设指导规划）或剧院、音乐学校、游泳场、图书馆等文化机构等事务中。财政自我答责也属于——法律较为详尽规定了的——自治行政。地方自治体预算主要来自国税与地税（基本法第106条第5款及以下，第28条第2款第3句）、国家补贴、分摊费用与财政平衡系统所得收入及公民为行政运行支付的费用等。

201　　自治行政任务不同于*国家*通过法律或规章委托乡镇在它们的领域内完成的任务。这些委托事务的完成属于乡镇的"*委任作用领域*"。在这个范围内，乡镇不享有对该部分职权的宪法保护。这些职权具体有建设监管（建筑许可、拆除违法建筑等)、公共安全与秩序（部分在国家警察机关的帮助下）、自然与环境保护等。

三、乡镇的民主机构

按照基本法第28条第1款第2句，乡镇（与县）须有民选的人民代表机构。代议制乡镇人民代表之必要性符合乡镇对自己的、地方的事务的自治行政权能。乡镇关于是否、如何在自己的（法律框架下的）作用范围内处理事务的意志形成必须民主（基本法第20条第2款）。因此，乡镇代表会是乡镇的主要机构，它商讨与决定乡镇内所有重要政治问题。需要注意的是，虽然乡镇代表会有时被称为"乡镇议会"，但它并不是联邦与州的民主立法机构那样的"真的"议会。尽管乡镇代表会颁布一般性规定，但它只是行政机构，即独立承担国家间接行政的乡镇机构（见上文一）。

在该宪法前提下，州地方自治法（乡镇自治法，县自治法）进一步规定了乡镇（与县）的组织机构。联邦对此并无立法权限（基本法第70条）。这些地方自治法也被称为地方宪法。因此乡镇的组织机构形式在各州并不完全相同，但也比较相似。各地都有直接选举产生的乡镇代表会，此外也通常有市长（在较大的乡镇和城市被称为大市长），市长由乡镇代表选出或直接由乡镇人民选出。作为乡镇机关，市长负责持续的行政工作并执行乡镇代表会的决议（在黑森，由一个合议机构即*乡镇委员会*负责行政执行，它以市长为首脑。在其他州，市长与乡镇代表之间还有另一层委员会，即*主委员会*或*行政委员会*）。而且市长以乡镇的名义对外出席与参与活动。

四、对乡镇的国家监管

作为独立的国家间接行政机构（见上文一），乡镇在它所有的作用领域中接受国家监管。国家对自治地方的监管又分为法律监督与专业监督。

202

203

204

205　　*法律监督*适用于固有作用领域中的乡镇措施，它止于法律审查，也就是只限于审查是否合法。*专业监督*则是关于委任作用领域中的事务，它在法律审查之外还包含了合目的性审查，也就是同时对乡镇完成其法定任务的方式方法进行审查。国家监管的最重要手段是要求特定作为或不作为的指示。指示由州有关机关（直接国家行政）例如部长、行政首长等对乡镇发布。这种指示属于行政处分，可被乡镇通过司法途径撤销。

第四节　社会法

206　　社会法承载着德意志联邦共和国的社会福利国家原则（基本法第20条第1款、第28条第1款第1句）。它是整体上服务于社会公平与安全、并通过保障实现公共社会福利来完成该目标的法律。社会法主要是公法，因为他规定了国家对公民的给付。

一、*社会法的目的*

207　　德国居民皆应享有人性尊严的最低生存保障。其中例如适当的生活费用、足够的老年收入、对因病或事故致无工作能力的残障人士的救助、儿童在受教育上的机会平等。

二、*三大支柱模式*

208　　个人自己（个人保险）和他们的雇主（企业保险）都应参与该目的的实现。当这些途径无法为人们提供面对现时与未来生存风险的保障时，则国家会作为第三个组成部分参与进来，通过公共福利提供对个人的支持。这个系统被称为三大支柱模式。

209　　社会法在不同领域中包含了对所有三个支柱的规定。

210　　*社会预护*是帮助个人面对未来风险的预护性福利，如疾病保险、意外保险和养老保险等。

*社会补偿*是国家对它所造成的健康损伤的弥补性社会给付。其中有战争受害者供养与司法错误受害人赔偿等。 211

*社会促进*是促成机会平等的领域,例如通过教育促进、青少年扶助、残障人士复健等。该领域也总括地包含了对有需要的人的救助。每个人都至少应获得最低生存保障,因为适当的物质生活条件(食物、住房等)和对社会、文化、政治生活的最低参与对于具有人性尊严的生存是不可或缺的。社会救助如失业金为实现该最低生存保障而存在。 212

诸多法律,其中首先是社会法典,对所有这些社会国家组织与福利做出了全面、详细的规定。 213

第二部分 民法

民法或私法调整私人之间的法律关系。1900年1月1日生效的《民法典》（简称BGB）分为五编，即总则，债法，物权法，亲属法和继承法。许多其他法律领域，例如劳动法以及商法与公司法，也同属于民法范畴，规定为特别法。 214

第一章 总则（民法典第一编）

民法典总则所包含的法律规范适用于整个民法。它所规定的基本概念对于理解德国私法来说必不可少。 215

第一节 权利能力

权利能力，是指能成为权利和义务主体的能力。只有人才能获得权利、负有义务；只有人才能成为权利主体。具有权利能力的首先有自然人。自然人是指这样一群人，他们的权利能力依出生完成而开始（民法典第1条），死亡而结束（参见民法典第1922条）。法律意义上的出生从阵痛开始，直至胎儿完全脱离母体时为出生完成，但并不以剪断脐带为限。而权利能力的终止，主流观点认为，发生于人进入脑死亡状态时。 216

除自然人外，法人以及部分社团也具有权利能力。法人的概念遵照列举原则：法人，是依据法律获得法律人格，本身享有（全部或部分）权利能力的某种团体构成。另外，成立法人通常还须到主管机关处进行登记（比如商业登记簿、社团登记簿）。举例来说，股份有限公司、有限责任公司、无限责任公司以及两合公司都是具有权利能力的法人。以上是指私法上的法人，公法上的法人有比如国家或者地方自治团体。 217

第二节 行为能力

218　　须与权利能力区分开来的是行为能力。虽然每个人自出生起就是权利和义务的主体，但根据德国法律，每个人并非从一开始就具有做出有法律效力的意思表示、从而缔结法律行为的能力。比如未满七周岁的儿童和精神病人缺乏行为能力（无行为能力人，民法典第104条）。而已满七周岁，未满十八周岁的未成年人是限制行为能力人（民法典第2条, 第106条），他们可以独立进行日常生活行为（比如购买食物）。而超出该范围的法律行为，须征得其法定代理人的允许（民法典第107条）。限制行为能力人未经父母允许而作出法律行为的，该法律行为暂时无效，直至父母事后追认或拒绝追认（民法典第108条第1款）。

第三节 法律行为

219　　法律行为是一种法律事实，它由至少一个有权利能力的人作出的、产生一定法律效果的意思表示构成。法律行为包括单方法律行为和多方法律行为。*单方法律行为*由一个人单独作出，例如遗嘱的订立或通知终止的意思表示。*多方法律行为*则由多人作出。多方法律行为的缔结使双方或多方当事人负有遵守其具有法律约束力的约定的法律义务。人们将这一类法律行为称为合同。

第四节 意思表示

220　　意思表示，是指旨在达到一定私法上法律效果的外在意思表达。法律主体通过意思表示缔结法律行为。

一、 构成要件

221　　行为人可以通过明示或者默示（可推断的）的行为，作出意思表示。

首先从客观相对人的角度可以将意思表示划分为行为意思，表示意思和效果意思。*行为意思*是指实施行为的意识，在睡眠中做出的行为或条件反射性的行为就缺少行为意思。*表示意思*是指作出有法律意义的表达的意识，即表意人知道他将作出一个意思表示。最后，*效果意思*是指表意人希望引起某个特定的法律后果（比如以特定的价钱购买一个具体物品）。 222

表意人的外在表达成为意思表示的要件是：表意人有意识地实施行为,并且在履行了注意义务的情况下应当知晓，其行为将被理解为具有法律意义的意思表示。 223

二、生效

在判断意思表示是否具有效力时，须区分需要受领的意思表示和无需受领的意思表示。 224

*无需受领的意思表示*一经发出即生效力，无需送达第三人。也就是说，该意思表示不需要任何相对人在事实上受领和知悉。订立遗嘱就属于此种情况。 225

相反，*需要受领的意思表示*，除了必须有表意人发出外，还须到达受领人，才能生效。在当事人双方都在场的情况下做出的口头意思表示什么时候到达，法律对此没有做出规定。如果受领人确实听到了意思表示，则一定视为到达。在当事人不在场的情况下，若意思表示进入了受领人的势力范围，且在正常情况下可以期待受领人能获悉，视为到达（民法典第130条第1款）。受领人是否在事实上获悉，并不重要。 226

第五节 请求权

请求权是指向他人请求作为或不作为的权利（民法典第194条第1款）。权利人的请求权因约定的法律行为或依据法律规范产生（比如针对不法侵害他人之人，民法典第823条，或因他人损失而不当得利之人，民法典第812条）。原则上，请求 227

权人可以依请求权基础向法院提起诉讼。为了检验请求权是否成立，应提出以下问题：什么样的权利主体向谁根据何种基础请求什么（例如损害赔偿，支出补偿，货物交付）？即：谁向谁依据什么请求什么？

第六节 合同

一、 概念

228　　合同是法律行为的主要表现形式。合同成立的条件是，至少两方以上当事人互相作出协调一致的意思表示。时间上的第一个意思表示称为要约（民法典第145条），另一个当事人作出的后一个意思表示称为承诺（民法典第146条）。要约必须包含合同的重要构成部分，即合同当事人，合同的标的，以及（在交易合同中）合同的价金，要约的受领人只须作出接受或拒绝的表示。这里适用私法自治的原则（作为基本权依据基本法第2条第1款受到保障）。当事人可以自由决定是否缔结合同（*缔约自由*），并且享有决定合同的内容的自由（*拟定自由*）。但为了保证法律交往的公正性，合约当事人还须遵守一些必要的法律原则，比如诚信原则（民法典第242条）。合同缔结后，合同当事人受合同的约束。

229　　根据德国法律，买卖合同的成立(民法典第433条第1款)仅以出卖人有向买受人交付和转让标的物的意思表示（义务）以及买受人支付价金的意思表示（义务）为构成要件（*负担行为*）。标的物的所有权关系并不因买卖合同而发生实质性的变动。买受人并不随着合同缔结而自动成为所有权人，但合同缔结后，买受人有权请求出卖人转移所有权。只有通过与之相区别的处分行为，将标的物上的物权性权利（比如所有权）通过交付和合意转让后（民法典第929条第1句），买受人才成为所有权人。出卖人也才算履行了买卖合同内规定的义务。这就是具有德国法律特色的抽象原则。但在日常实践中，两种法律行为经常会通过一个事实行为来实施。

因此，负担行为若出现瑕疵，引起合同的无效（比如错误，胁迫和误解），原则上不会对处分行为的效力产生影响，反过来也是如此。但是，若一个物品在缺少有效的买卖合同的情况下被转让，则成立返还不当得利的请求权（民法典第812条及以下），即：无法律上的原因，因他人的给付或其他方式使他人遭受损失而自己取得利益的人，负有返还的义务。即使法律上的原因是之后消失，或即使根据法律行为的内容履行了给付，但却没有达到目的的法律结果，返还义务也仍然成立。 230

对于权利买卖和其他标的物的买卖，相对应地适用关于物的买卖的规定（民法典第453条第1款）。 231

二、代理

代理（民法典第164条第1款第1句）规定了这样一种可能性：某人可以为他人实施法律行为。代理人根据被代理人的授权实施法律行为，行为的法律后果（例如因买卖合同所负担的义务）由被代理人而非代理人承担。虽然大多数民事法律行为都可以适用代理，但具有高度的人身性质的法律行为不得代理，如结婚、订立遗嘱等身份行为。 232

代理要求代理人作出*自己的*意思表示。代理人表达自己的意愿而非作为传达人仅转达被代理人的意思表示。不过，为了使对方当事人知悉行为人本身并不是合同的相对方，代理人须以*他人的*名义实施代理行为。若代理人以他人的名义实施行为的意思是不明显的，则以自己名义实施行为的这一意思欠缺不作为瑕疵考虑（民法典第164条第2款）。虽然代理人须表明自己是以被代理人的名义实施行为，但没有义务告知合同相对人被代理人的姓名使合同相对人知悉，谁是自己的缔约者（公开性原则）。 233

此外，代理人还必须在代理权限之内实施代理行为。代理权限基于代理人的授权（意定代理）或法律规定成立。意定 234

代理权的授予，可以通过向被授权人或代理发生对象作出意思表示来完成（民法典第167条第1款）。若代理人实施的代理行为不在权限范围内，则该行为只有在被代理人追认的情况下才有效。若代理人拒绝追认，则合同最终无效。无权代理人须代替被代理人履行合同义务或赔偿第三人信赖利益（民法典第179条第1款）。

235 在例外情况下，为了保护善意相对人（民法典第173条，类推解释），即使被代理人没有授予行为人代签合同的权限，合同也仍可能对被代理人产生效力。这项例外的前提条件是：形成了有代理权的权利表象。这是指，所谓的代理人通过其行为给他人造成了有权代理从事相关法律行为的假象，并且它可归责于被代理人，因为被代理人有意识地容忍其行为（所谓的"容忍代理"）或本应通过注意义务的履行阻止该行为（所谓的"表见代理"）。在没有明示的代理权之授予的情况下，只要合同相对人在签订合同时善意地信赖行为人有代理权，则合同相对人仍然对被代理人享有履行请求权。

三、 *撤销*

236 合同的一方当事人发现合同缔结存在错误、欺诈或胁迫，且因此不再意愿持续该合同的，享有撤销自己意思表示的权利。撤销后，合同自始无效（民法典第142条第1款）；该法律行为被作为从未生效来对待。

237 撤销的原因首先可以是撤销权人意思表示的错误。错误可以是内容上的错误，也可能是表达上的错误。*内容错误*（民法典第119条第1款第1种情形）发生于，比如一位买家将猪肉误认作鸡肉购买（表达时的理解瑕疵）。而*表示错误*（民法典第119条第1款第2种情形），则是指尽管表意人正确理解了合同对象的内容，但在作出意思表示时口误、笔误或误拿了（表达时的技术瑕疵）。

合同当事人因受到恶意欺诈（民法典第123条第1款第1种 238
情形）或不法胁迫（民法典第123条第一款第2种情形）而签
订合同的，也可以导致合同被撤销。

仅有一项上述的撤销原因还不足以构成撤销。撤销权人还 239
须清楚地告知撤销相对人，他因为这些原因不再想要维持合
同的效力（*撤销表示*，民法典第143条）。当事人知道撤销事
由后，应毫不迟延或对迟延无过错地作出撤销表示（*撤销期
限*，民法典第121条）。因欺诈或胁迫而引起的撤销可以在一
年期限内作出（民法典第124条第1款）。

撤销原因的产生可归责于撤销权人（错误）的，撤销权 240
人负有向相对人赔偿因其信赖合同的存续而造成的损害的义
务。债务人负担的*损害赔偿*的范围是这样确定的：请求权人
的财产状况应回复到假定他没有相信该法律行为的有效性时
的状态（*信赖损失*，即所谓的*消极利益*）。

四、 消灭时效

向他人请求作为或不作为的权利受消灭时效的限制（民法 241
典第194条第1款）。普通消灭时效为三年（民法典第195条）。
但也有例外情况，比如买卖合同法中的瑕疵请求权有更长的消
灭时效（民法典第438条）。普通消灭时效期间原则上自有下列
情形之年的年末起算：请求权在该年以内发生；债权人在该年
内知道或在无重大过失的情况下本应知道使请求权成立的情况
和债务人本人的（民法典第199条第1款）。在消灭时效期间届
满后，义务人可以拒绝履行义务。若义务人在不知消灭时效届
满的情况下履行了义务，则不可以要求债权人返还给付（民法
典第214条第2款第1句），因为他已通过给付承认了请求。被告
须在法庭上明确地指出其义务的时效期间届满（*抗辩权*），法
院将审核该抗辩权并驳回原告的请求权。法院依职权不考虑其
消灭时效的限制。

第二章 债法（民法典第二编）

第一节 债的关系

242　　债务关系是指存在于两个或两个以上的当事人之间的法律关系，依此法律关系一人（债权人）得请求另一人（债务人）为特定给付。债务关系可以基于法律行为或者法律而产生。

243　　法律行为上的债务关系通常产生于合同（民法典第311条第1款），德国民法典第241条第1款对债务关系做出了规定。依据债务关系，债权人有权向债务人请求作为或不作为的给付。除约定的给付义务外，债务关系的当事人还负有其他行为义务，即顾及另一方当事人的权利，法益和利益（民法典第241条第2款）。根据德国民法典第362条第1款，当双方当事人履行了依债权债务关系而产生的义务，债权债务关系消灭。

第二节 给付障碍与损害赔偿

一、　替代给付的损害赔偿

（一）　不履行和瑕疵给付

244　　债务人违背合同约定（民法典第281条第1款），根本不履行给付义务（不履行）或不像所负担的那样履行给付义务的（瑕疵物；瑕疵给付），债权人可以指定债务人在一个适当期间内（但以民法典第281条第2款为例外情况）提供给付。若债务人仍然不履行其给付义务，且不履行或瑕疵履行可归责于债务人（民法典第280条第1款第2句并第276条），根据民法典第280条第1款、第3款和第281条，债务人有义务支付替代给付的损害赔偿。对此，债务人为履行债务而使用的人，其过错由债务人负责（民法典第278条）。债权人也可以不请求替代给付的损害赔偿，换而请求支出费用的偿还（民法典第284条）。

245　　根据民法典第281条第1款第1句，损害赔偿的范围原则上以未履行的给付为限（即"小损害赔偿"）。债务人已履行部分给付，但债权人对其无利益的（民法典第281条第1款第2句），或者债务人不像所负担的那样履行给付，且明显违反了义务的（民法典第281条第1款第3句），债权人得以请求替代全部给付的损害赔偿（即"大损害赔偿"）。

若债权人请求替代给付的损害赔偿，则其给付请求权被排除（民法典第281条第4款）。相应地，对于请求损害赔偿的债权人，债务人有权请求其返还已经受领的给付（民法典第281条第4款并第346条及以下）。 246

（二）保护义务的违反

若因债务人有过错地违反了民法典第241条第2款所规定的（其他）义务，而无法合理期待债权人接受给付的，债权人也同样可以依据民法典第280条第1款和第3款，以及第282条请求替代给付的损害赔偿。但是，其前提条件是保护义务的违反情节严重，因此这类损害赔偿请求权只存在于少数案件中。 247

（三）履行不能

当履行给付不可能或债务人有权拒绝履行给付时，替代给付的损害赔偿请求权也成立（民法典第280条第1款、第3款和第283条，以及第275条）。比如，标的物被损毁，或债务人因个人原因而无法履行，又或者债务人只能通过超过预期的高额支出为代价来履行给付。在这种情况下债权人的给付请求权被排除，他所负担的对待给付义务也当然地被免除（民法典第326条第1款第1句）。损害赔偿的范围，以债务人正常履行了给付时债权人的状态来确定（*差额假定*），并取代履行利益（*积极利益*）。这里因履行不能而排除给付义务的前提条件是，债务人对履行不能负责任。 248

二、迟延损害

债务人在清偿期到来后仍未履行给付义务的，可能负有赔偿迟延损害的义务（民法典第280条第1款、第2款和第286条）。但是，只有当债权人对拖延的债务人进行了催告（民法 249

典第286条第1款），即请求债务人立即履行到期义务，而债务人仍不履行时，才发生债务人迟延（*债务人迟延*，民法典第286条第1款）。若按照日历准确确定了给付日期，则无须催告（民法典第286条第2款第1项）。发生债务人迟延的另一个前提条件是，债务人对未及时给付负责（民法典第286条第4款）。这些要件满足后，债权人有权请求债务人赔偿其因迟延给付而导致迟延损害。并且，债权人仍然享有履行请求权。在债务人迟延期间，债务人对给付的风险付全部责任（民法典第287条）。债务人也对任何意外损害负责任，除非债务人能证明，即使适时给付，损害仍将发生。

250 　　与债务人迟延相对应的有债权人迟延：若债权人不受领债务人向其提供的给付，则债权人陷于迟延（*受领迟延*，民法典第293条及以下）。债务人可请求债权人偿还其因存放债的标的和无效果的提供而产生的额外费用（民法典第304条）。在债权人迟延期间，债务人只对故意和重大过失负责任（民法典第300条第1款）。当债的标的为种类物时，迟延期间发生的风险全部移转至债权人（民法典第300条第2款）。

三、 与履行并存的损害赔偿

251 　　民法典第280条第1款意义上的损害赔偿请求权（比如瑕疵结果损害），是指损害无法通过之后的给付来弥补（主流观点）并且损害并不仅仅是迟延损害。这里需要赔偿的损失包括：因违反相应的义务而造成的，以及侵害权利人完整性利益所造成的。完整性利益，是指合同当事人在合同关系之外的法益不受侵害的利益。

第三节 给付障碍与合同解除

252 　　在给付障碍发生时，债权人除了享有损害赔偿请求权，还可以解除合同（民法典第325条）。包括法定解除（民法典第323，324，326条）以及合同上保留的解除权。合同解除（民法典第346条及以下）后，双方当事人转变为恢复原状的债务关系，双方当事人的履行请求权归于消灭，恢复原状的请求权产生。同损害赔偿的构成要件一样，原则上债权人应在解除合同前提供给债务人一个给付义务的合理期间（只要给付仍然是可能的，民法典第326条第5款，第275条）。

合同解除中存在一个特殊情况，即可以撤回的合同缔结（民法典第355条）。这种可能性存在于特定的消费者合同中，比如远程销售合同、营业场所外缔结的合同或贷款合同。消费者在期限内作出的、明示的撤回表示，将使其在缔结合同时作出的有约束力的意思表示消灭。撤回制度旨在通过这种方法保护在日常交易生活中处于不利地位的消费者免受经营者不正当经营的影响。

第四节 几种合同之债

民法典第433条至853条的规定包含有尤为重要的合同之债（比如买卖合同、使用租赁合同、用益租赁合同、雇佣合同和承揽合同）。若各个具体的债的关系中没有另行规定，债法总则中包含的一般性规定在此同样适用。而适用的前提是双方当事人没有做出其他约定（合同自由原则），当然这些约定又不得违背法律的限制。

一、买卖合同

买卖合同（民法典第433条及以下）是债务双务合同。出卖人有义务交付标的物并使买受人取得标的物的所有权。而买受人则相应地负有向出卖人支付约定的价款并受领该物的义务。出卖人须无瑕疵给付（民法典第433条第1款第2句）。

若标的物在风险转移时具有约定的性能,则无物的瑕疵。若双方当事人没有就物的性能进行约定，则以标的物是否适合于合同预定的使用为准。其他情况下，当标的物满足以下条件时，无物的瑕疵：该物适合于通常的使用，且具有同种类物品惯常所具有的，买受人能根据物的种类而期待的性质（民法典第434条第1款）。

257　民法典第437条所特别规定的以保护买受人为目的的瑕疵担保法实际是一般的给付障碍法（见上文第二节、第三节）。若出卖人仍没有在买受人指定的合理期限内履行所负担的义务（事后补充履行），买受人可以请求损害赔偿，减价或解除合同。以保护出卖人为目的的二次提供权在买卖合同法中发挥着很大的作用。买受人可以自行选择要求出卖人在事后补充履行的范围内事后改善（修理瑕疵物）或另行交付（无瑕疵的替代物）（民法典第439条）。

二、 *使用租赁合同*

258　依使用租赁合同（民法典第535条及以下），出租人有义务将租赁物的使用以合于约定的使用收益的状态转移给承租人。租期到期后，租赁物应归还出租人（民法典第546条）。承租人的对待给付义务是支付约定的租金。在使用租赁合同中常常还包含其他合同义务，比如美化修缮，打扫房间和铲雪的义务。使用租赁合同的标的物可以是动产也可以是不动产，甚至可以是适用租赁的标的物的一部分（比如阳台）。民法还详细地规定了住房的使用租赁（民法典第549条及以下）并完善了住房承租人的权利（社会使用租赁法）。

259　若租赁物在使用租赁期间出现瑕疵，承租人有义务将此毫不迟延地通知出租人（民法典第536c条第1款第1句）。承租人不作为的，负有向出租人赔偿因此而发生的损害的义务（民法典第536 c条第2款第1句）。相对地，出租人有义务在租赁期间保持租赁物合于约定的使用状态以及排除租赁物的瑕疵（民法典第535条第1款）。租赁物有瑕疵，减弱或阻碍合同约定的正常使用的，出租人在瑕疵存续期间只须支付对应减少的租金（民法典第536条）。租金的减免无须申请或出租人的同意。当租赁物的瑕疵可归责于出租人或消除瑕疵陷于迟延时（民法典第536a条,第543条第3款），承租人有权请求损害赔偿甚至在特定条件下可以请求终止租赁关系。因合于合同的使用而引起的租赁物变更或损毁，承租人无须负责（民法典第538条）。

三、用益租赁合同

用益租赁合同，是指承租人不仅可以使用租赁物，还可获得使用收益，孳息（民法典第581条）。承租人负有向出租人支付约定的用益租金的义务。对于用益租赁合同适用使用租赁合同的相关规则。第581条至597条包含了用益租赁合同的其他特殊规定。

四、借用合同

借用合同（民法典第598条及以下），是指出借人无偿地许可借用人使用物品（民法典第598条）。借用人在借用期间届满后应将原物返还给出借人（民法典第604条第1款）。当事人未约定借用期间的，一旦借用人完成了符合借用目的的使用，就应及时返还借用物。经过一段时间，以至借用人按理能够使用完毕的，出借人也可提前请求返还借用物（民法典第604条第2款）。借用期间既没有由当事人确定，也无法通过借用目的推知的，出借人可以随时请求返还借用物（民法典第604条第3款）。

五、雇佣合同

在雇佣合同中（民法典第611条至630条），一方负有提供特定劳务的义务，另一方负有给付约定报酬的义务（民法典第611条）。这里的劳务包括：独立性或从属性劳务，自主决定的或由他人决定的劳务。

雇佣合同的特别情形之一是*劳动合同*。它是雇佣合同的一种。但与普通雇佣合同不同的是，劳务合同中的劳务给付义务人负担的给付并非独立自主决定，而是依赖于雇主的指示。受雇人通常会被编入雇主的企业中。另一个使劳动合同区别于一般雇佣合同的原因是，在劳动合同中包含有更多的双方权利义务（特别是指示性、忠诚保护义务、病假期间支付报酬的义务和度假的权利）。劳动法是一个独立的部门法（见下文第六章）。

264　　与承揽合同不同的是，劳务给付义务人只对自己的劳务给付负责任，无须对给付结果负责任。劳务给付义务人只须尽到职业水平内的努力。

六、　承揽合同

265　　在承揽合同中（民法典第631至651条），一方作为企业主负有完成一定工作成果（比如建造房屋）的义务，另一方则作为定作人负有给付约定的报酬，接受工作成果的义务（民法典第631条）。

266　　根据承揽合同，承揽人负担的不是完成工作的尝试和过程，而是无瑕疵的工作成果，即该成果须具备约定的品质特征。否则，定作人可以请求承揽人在一定期限内进行事后补充履行。对此，承揽人可以自行选择除去瑕疵或重新完成工作（民法典第635条第1款）。若承揽人拒绝事后补充履行，定作人可以自行除去瑕疵并请求偿还必要费用（*自主救济*，民法典第637条第1款）。此外，同买卖合同法，定作人也享有一般给付障碍请求权（民法典第634条）。

七、　委托合同

267　　根据委托合同（民法典第662至674条），受委托人有义务为委托人无偿地处理委托人托付给自己的事务（民法典第662条）。受委托人有义务将其为执行委托而获得的和因处理事务而取得的利益返还给委托人（民法典第667条）。受委托人以执行委托为目的而支出的部分，根据情况可以认为是必要费用的，委托人负有偿还义务（民法典第670条）。

第五节 法定之债

法定之债是指，根据法律的规定，债务人因其特定行为而负有给付的义务。无因管理之债（民法典第677至687条）、不当得利之债（民法典第812至822条）和侵权行为之债（民法典第823至853条）均属于法定之债的典型。法定债务关系的双方当事人并未自主订立合同，法律义务的发生原因是有法律规定为依据的事实行为（积极的作为或违反义务的不作为）。 268

一、无因管理

无因管理是指，一方（管理人）未受委托或无权以受委托以外的方式而为另一方（本人）管理事务（民法典第677条）。 269

若事务管理符合本人的利益，符合其真实或可推知的意思（*适当的无因管理*），事务管理人可以像委托人一样请求必要费用的偿还（民法典第683条第1句，第670条）。 270

若事务管理违背本人真实或可推知的意思，且管理人应当知道这一情况（*不适当的无因管理*），即使管理人自己无其他过错，也有义务向本人赔偿基于事务管理而发生的损害（民法典第678条）。在这种情况下，本人有义务依照关于返还不当得利的规定向管理人返还因事务管理而取得的利益（民法典第684第一句、第818条第2款）。本人追认事务管理的，管理人享有民法典第683条所规定的偿还费用的请求权(民法典第684第2句)。 271

若管理人缺乏为他人管理事务的意识，不知道自己是在为他人进行管理，则不适用民法典第687条第1款的无因管理的规定。对于主观性的判断应与客观形势相结合，从管理者既得利益的角度出发。若管理者明知是他人事物而出于保护自己利益的原因进行事务管理（*管理自己事务的意思*），此类越权事务 272

管理的情形规定于德国民法典第687条第2款中。在这种情况下，事务管理人不应受到保护，事务本人可以主张基于第677条、第678条、第681条和第682条而发生的请求权（损害赔偿、返还利益以及替代物赔偿）。此规定也同样适用于事后的双方利益平衡。

二、 不当得利

273 无法律上的原因，因他人的给付（*给付不当得利*）或以其他方式（*权益侵害不当得利*）使他人蒙受损失而自己取得利益的人，对他人负有返还的义务（民法典第812条第1款第1句）。即使法律上的原因后来消失（民法典第812条第1款第2句第1种情况），或依照法律行为的内容用给付来追求的结果并未出现（民法典第812条第1款第2句第2种情况），该项义务也存在。返还不当得利的请求权使不当的财产增加可退回。不当的财产增加在给付不当得利的情形中首先可以基于相对人有意识有目的的给付，但在事实上此给付没有合法依据。比如卖家基于一个自始无效或因撤销而无效的买卖合同转让了标的物。在这种情况下，缺乏因买卖合同而产生的请求权作为法律依据，买家因卖家的给付不当得利，因此标的物应当被返还。

274 返还的义务，及于因取得的利益而收取的用益（民法典第818条第1款）。若返还因所取得的利益的性质而不可能（比如一段旅行），或受益人由于其他原因而不能返还的，受益人必须赔偿价额（民法典第818条第2款）。

275 以受领人不再得利为限，排除返还义务或者价值补偿义务（民法典第818条第3款）。从这一规范可以看出，不当得利返还请求权的目的在于消除或平衡不当的得利，而不是惩罚受益人。利益停止后，之前的受益人也不再享有优势，不应当被追究责任。但是，若受益人在受益时或事后知道法律上原因的欠缺，或者受益违反了法律规定，则该受益人负有返还义务，如同返还请求权已发生诉讼系属一样（民法典第818条第4款，第819条）。受益人将取得的利益无偿地给予第三人并因此无法返还利益的，该第三人取代之负有返还义务（民法典第822条）。

三、侵权行为

（一）概论

与不当得利和无因管理一样，因侵权行为引起的债务关系也属于法定债务关系。这里的侵权责任并非起因于特定当事人之间通过合同等建立的个人特殊联系，而是因为债务人实施了不应当实施的、被法律禁止的行为。因此要区分合同责任和侵权责任。依此，合同当事人之间负有财产损害赔偿的责任，但并不是由侵权行为引起。或者：合同当事人根据民法典第278条的规定为自己的履行给付的辅助人（履行辅助人）负责任。而其侵权责任只有在民法典第831条（事务辅助人）的构成要件满足的情况下成立。又或者：债务人（民法典第276条）根据民法典第280条第1款第2句的规定对合同责任负担责任（因为只有在债务人能够证明自己无过错的情况下才能免除责任）。而在侵权责任中，相反地是受损方负有举证责任。

侵权责任，是指故意或有过失地不法侵害他人的生命、身体、健康、自由、所有权或其他权利的人，负有向该他人赔偿因此而发生的损害的义务（民法典第823条第1款）。第823条第1款的构成要件是有过错地对他人享有的法益或其他权利的不法侵害。这里的其他权利是指绝对权利。比如人格权、姓名权以及创建和经营工商企业的权利。若侵权行为因缺乏抗辩理由属于不法侵害且构成损害事实，侵权行为人又对此负有过错责任，该侵权行为人负有损害赔偿的义务。

根据民法典第823条第2款，有过错地违反保护条款，侵害他人权利的人，同样负有损害赔偿的义务。保护性法律(民法典施行法第2条)是指旨在保护个人特定法益的法律规定。例如，驾驶员因超速驾驶而导致一场交通事故，伤害了他人，此行为将受到道路交通法第3条的规制。该条例保护的正是民法典第823条第2款所指的法益。这条法律规定旨在通过规定机动车驾驶员根据驾驶能力、路况、能见度、和天气情况的变化限制驾驶速度，保护交通成员不受危害。刑法典第229条（过失致人伤害）也属于保护性法律。在上述情况下，债权人可以在民法典第823条第1款规定的损害赔偿外，依据民法第823条第2款的规定以及道路交通法第3条，刑法第229条请求损害赔偿。

279 　损害赔偿的范围应通过比较债权人的财产和法益在损害发生前后的状态来确定（*差别比较方法*）。损害赔偿义务人必须恢复假如没有发生引起赔偿义务的情况（损害事件）所会存在的状态（民法典第249条第1款）。因伤害他人或损坏物品而须赔偿损害的，债权人可以请求恢复原状所必要的金额，以代替恢复原状（民法典第249条第2款第1句）。若不可能恢复原状，债权人可以根据民法第251条请求债务人赔偿与损坏物同类物品的价值等额的金钱（*代偿原则*）。依据代偿原则，民法典第252条所规定的待赔偿的损失也包括所失利益。

280 　根据民法典第253条第1款，仅在法律明文规定的的情况下，债权人才能因非财产损害而请求金钱赔偿。非财产损害是指无法用金钱衡量价值的，无法通过经济补偿来平衡的利益。比如民法典第843条包括了由侵害身体健康的行为所引起的受害人从业能力持续削弱，或需求不断增加的特别情形。依此，侵权行为人必须定期每月向受害人支付金钱作为损害赔偿。对于其他的侵害人身权的行为，可根据民法典第842条，平衡该行为对受害人的从业或发展产生的不利。

（二）为第三人而负担的责任

281 　使用他人根据其指令完成某项事务的人，就该他人（事务辅助人）在执行事务中不法（不必要有过错）加给第三人的损害,在侵权法意义上也负有损害赔偿的义务,除非使用人在挑选被使用人时尽了交易上必要的注意义务,或即使尽此注意义务损害也会发生的(民法典第831条)。这里使用人的责任是被推定的而不是如同民法典第278条所规定的那样为第三人的过错负责。根据民法典第832条,相关规定同样适用于对需要监督的人实施监督义务的人(比如父母是未成年人的监督照顾义务人)。

(三) 为多个共同行为人而负担的责任

282　两人以上作为共同实施人、教唆人或辅助人有意共同实施侵权行为的,每个人都对损害负责任。不能查明两人以上参与人谁以其行为引起损害的,也适用此规定(民法典第830条第1款、第2款)。两人以上一同就因侵权行为而发生的损害负责任的,作为连带债务人负责任(民法典第840条第1款)。

(四) 特殊情况

283　动物致人死亡,或伤害人的身体健康,或损坏物的,动物饲养人有义务向受害人赔偿因此而发生的损害(民法典第833条第1句)。因建筑物或其他附着于土地的工作物倒塌,或因建筑物或工作物的部分脱落,致人死亡,或使人身体健康受到伤害,或物被损坏,只要倒塌或脱落系因建造有瑕疵或维护不足所致,土地占有人就有义务向受害人赔偿因此而发生的损害。占有人以避开危险为目的而尽了交易上必要的注意的,不负赔偿义务(民法典第836条第1款)。其他特殊规则有比如动物看管人的责任(民法典第834条),建筑物占有人的责任(民法典第837条)以及建筑物维护义务人的责任(民法典第838条)。

284　被他人故意以违反善良风俗的方式导致损害的,民法典第826条保障了其损失利益的平衡。这里的故意只需有条件的故意。只要侵害人知悉损害发生的可能性并放任之,不需要侵害人有意地引起损害。需要赔偿的损害只有因故意而引起的部分。

第三章 物权法（民法典第三编）

285 债法调整人与人之间的法律关系，物权法则调整人对物的支配关系的存续与变动。物权法是民法典的第三编（民法典第854条及以下）。

第一节 原则

286 物权法规定了人所享有的对物的权利，不同于债权仅在债务关系范围内有效，物权人得向任意第三人主张权利。此类权利称为物权性权利。立法者以通过法律明确规定权利类型的方式来限制物权的种类数目（*类型强制*）。动产和不动产（土地）的所有权就是典型的物权。此外法律还规定了抵押权和质权，土地债务与定期土地债务作为物权种类。限制物权一方面保障该权利人--与所有人相比--在内容上有限制的对标的物的支配权，另一方面限制该物所有人的法律地位。由此看出，限制物权是完全的权利--所有权的派生。民法典中最重要的限制物权有用益权（民法典第1030条及以下），地役权（民法典第1018条及以下），限制人役权（民法典第1090条及以下），动产质权与抵押权（民法典第1204条及以下，第1113条及以下），物上负担和先买权（民法典第1094条及以下）。

287 物权的法律状态应处于对所有当事人都公开的状态。因为权利人可以针对任何人主张物权，所以谁对标的物享有什么样的所有权，应当使公众可知悉（公示原则）。动产的所有权，依据民法典第1006条，推定占有人为该物的所有人。对于不动产的所有权，公示原则通过公开登记得到保障（民法典第873条）。

288 物权仅能成立于单个的物上。因此权利人不可以将他的全部家产（他的财产）作为一个整体转让，而必须分别处分每一个标的物。例如某人打算将他的房屋连同房内的物品一起出卖，那么原则上他必须为房屋里面有的每一个物品进行单独的转让（*特定性原则*）。

289 注意：民法典区分债权性负担行为（比如买卖合同）和物权性处分行为（比如转让）。它们二者是相互独立的法律行为，一方的有效性不依赖于另一方的效力（抽象原则，见上文第一章第五节一以及下文第三节四）。

290 在受让以及处分物权权利时，必须明确，物权是指向哪个特定的具体的物。只有这样才能始终使第三人知悉，谁对标的物享有怎样的绝对性物权。所以，转让时只提供物的种类作为标的是不可能的（*确定性原则*）。

291 在成立和转让所有权以及其他物权性权利时，物权客体被区分动产或不动产。动产的所有权，通过出让人与受让人达成所有权移转的合意、所有人将动产交付于受让人的方式转移（民法典第929条第1句）。而土地所有权的转移中，与上述交付行为相对应的，是将所有权移转登入土地登记簿（民法典第873条，第925条）。

第二节 占有

292 占有（民法典第854条第1款），是指对物事实上的管领力。而所有权（民法典第903条）作为对物的全面的支配权，可以对抗任意第三人，无需考虑谁在事实上管领、控制物。物主未必占有物，占有人未必是物主。

一、占有的种类

293 占有可以分为自主占有和他主占有。*自主占有人*（民法典第872条）将物作为自己所有而占有。即使占有人只是被（错误地）推定为所有人，而非真正所有人，也仍是自主占有。*他主占有人*则始终明知自己不是物的所有人，只是替他人占有该物。数人共同占有一物的，称为*共同占有*（民法典第866条）。

294　　占有还可以分为直接占有与间接占有。*直接占有*人在事实上占有物，可以直接支配物。*间接占有*（民法典第868条）是指所有人将物的占有在特定时间内让与他人，并与其建立某种法律关系。例如，某人将物出借或出租给他人，此时所有人虽未在事实上占有物，却仍是该物的间接占有人。这种所谓的占有媒介关系保持成立的条件是：在事实上占有物的人承认占有媒介人作为上级，并替他保管该物。否则，间接占有不成立，所有权的效力保持不变。根据民法典第855条，占有辅助人是指，某人为他人在其家政、营业或类似关系中，对物行使事实上的管领，此管领遵从他人的指示，此时，仅此他人是占有人。事实上的指示关系即满足指示要件的构成。

二、占有人的权利

295　　占有人的权利受到法律的保护。这首先体现在，占有人被推定为所有人（民法典第1006条）。即使占有人不是真正的所有人，仍享有自力防御权。这是因为，一方面，为了保障有权占有人在占有受到违法侵害时，能继续使用占有物并且替所有人保护占有物，占有人得以以自己的力量进行防卫；另一方面，为了维护法律和平为，无权占有也是值得保护的对象。因此，有权占有人无权自行对无权占有人实施其占有权，而是只能通过到法院诉讼的方式。

296　　根据民法典第858条第1款的规定，除法律许可的侵夺或妨害外，无（有权或无权）占有人的意思而侵夺或妨害其占有的行为是不法行为（*法律所禁止的私力*）。相反地，占有人有权进行自力防卫（*自助行为*，民法典第59条第1款）。此外占有人原则上还可以向妨害人请求恢复占有或者除去对占有的妨害（民法典第861条，第862条）。

第三节 所有权

一、概念

所有权是指全面支配所有物的权利。所有人可以自由处分 297
其物，同时排除他人对物的干涉（民法典第903条）。基本法第
14条第1款规定，所有权受到宪法的保护。但是，对物的处分
不得损害第三人的利益。依物的所有权，权利人主要被赋予
以下三种权利：使用、收益和处分（转让和负担）。

依照德国法律，原则上推定动产的占有人为所有人，除 298
非有相反证据证明（民法典第1006条第1款）。而不动产物权
的变动则以当事人在登记簿中作为所有人进行登记为必要的
要件，并且列明了每个不动产上的所有相关法律信息。若在
土地登记簿中为某人登记了某项权利，则推定此人享有该项
权利（民法典第891条第1款）。若土地登记簿中已登记的权
利被注销，则推定此项权利不存在（民法典第891条第2款）。

二、所有权的取得

为了取得所有权，须完成物权的移转，原则上也应完成 299
物的交付（民法典第929条第1句，见下文四、（一））。若未
来的所有人已经占有该物，则只需一个关于所有权移转的物
权合意即可。

若原所有权人欲保留对物的占有，交付可以依照民法典第 300
930条的规定由以下方式替代：原所有权人与受让人依约定建
立法律关系（比如借用或保管），受让人以此取得物的间接占
有（*占有改定*），原所有权人仍然是物的直接占有人（*占有媒
介关系*）。这种所有权让与的方式体现在比如某人将自己房屋
出卖后作为承租人继续住在房屋内。在这种情况下，新的所
有人作为出租人获得对物的间接占有。

第三人正在占有物的，可以通过这种方式代替交付：由 301
所有人向受让人让与请求第三人返还物的权利（民法典第931
条）。

三、所有权人的请求权

302　　另外，基于所有权还衍生出以下几种请求权：

303　　首先是所有权人针对无权占有人的*返还请求权*（民法典第985条）。占有人是有权占有物的，比如基于租赁合同，不受返还请求权的主张。房屋出租人不能向合法承租人请求房屋的返还。他必须首先通过的解除合约的方式终结赋予承租人占有权的法律关系。

304　　除了返还请求权外，当所有权被第三人以侵夺或扣留占有以外的方式侵害的，所有权人享有*消除侵害请求权*（民法典第1004条第1款第1句）。民法典第1004条中提到的妨害人可以是通过其行为造成侵害影响的行为妨害人，也可以是造成侵害状态、应对侵害状态负责，损害了他人所有权或其他绝对权利的状态妨害人。民法典第1004条第1款第2句规定了针对（将来的）妨害威胁的*不作为请求权*。

四、债权与物权的联系

305　　在日常交易生活中，债权与物权是共同出现的。

（一）通过买卖取得所有权

306　　仅凭买卖合同的签订无法使当事人取得买卖物的所有权。例如：某人从第三人那购买自行车，这个过程由两个（法律）行为组成。第一个行为是买卖合同（民法典第433条），它使第三人负有将单车让与此人的义务，并使此人负有向第三人支付价款的义务。此类行为由债法调整，被称为*负担行为*。而物权法关注的则是第二个行为：*处分行为*（抽象原则见上文第一章第六节一）。这里指的是通过物权合意和移转占有来完成的单车所有权的变动（民法典第929条第1句）。双方达成合意是一个——物权层面的——法律行为，但移转占有的行为虽然与法律相关联，却只是一个事实行为。考虑到金钱的移转占有（支付价款）也是一个处分行为，因此，准确地说，在这个日常的买卖活动背后，甚至有三个法律行为。

（二）善意取得

债权与物权的相互作用表明，原则上只有物权法上的权利人（物主）才能转让出卖物的所有权。不过，为了保护交易安全，若受让人善意相信出让人是物主，他也可以从无处分权人处取得所有权（民法典第932条第1款，结合第1006条第1款）。但此误信不得建立在重大过失之上。

例如：某人将他从别处借来的自行车卖给第三人。第三人误以为此车确实属于卖方，依此而善意取得自行车的所有权。这项物权变动也同样对该自行车的出借人有效力。他因此失去了自己单车的所有权。但他可以起诉出卖人，追究其行为责任，请求无权处分人返还价款或赔偿损失（民法典第816条第1款）。

但是，民法典第932条到934条所规定的所有权善意取得制度不适用于盗窃物、遗失物以及其它非自愿失去占有的物（民法典第935条第1款第1句）。所有人只是间接占有人，物从直接占有人处丢失的，同样不适用该制度（民法典第935条第1款第2句）。若无权处分人出卖的是偷来的自行车，即使第三人是善意的，也无法取得物的所有权。这项规定的理由在于，所有权人在上述情形中尤为值得保护，因为与出借不同的是他并非自愿从手中交出对物的占有。

（三）保留所有权的买卖

在德国常被用到的另一个立法体例被称为保留所有权的买卖（民法典第449条第1款）。所有权人虽然将标的物交付给他的缔约方，但保留所有权，直到对方支付了全部价款。物权权利的转让是以债法上的价款的支付作为条件的。所有权人不得对条件（民法典第158条第1款）的满足进行阻碍。这个规定服务于所有权人的交易安全，他因此不必为了缔约方的支付不能而承担风险。而买家的权益则通过其对已交付了的物的全面的用益物权而得到保障。

311　　例如：某人想要买汽车，却无法支付高额的总价款。合同的双方当事人因此约定，买入方分期付款并且只有当他支付完最后一比款项时，才成为汽车的所有权人。

（四）担保性让与

312　　在担保性让与中，贷款人（担保提供人）将其动产（担保物）的所有权让与给放款人（担保接受人）。所有权的让与通过物权移转的合意（民法典第929条第1句）以及占有改定（民法典第930条）的约定来完成。依此，贷款人作为担保物的直接占有人不变，但放款人取得对物的间接占有。在贷款人违反担保合同，比如拒绝返还贷款的情况下（担保情形），放款人（担保接受人）有权处置，或作为所有权人使用担保物。担保接收人在其他情形下使用担保物则是违反了担保合同。

313　　与质权不同，担保接受人获得的担保性所有权，并非是依法（民法典第1252条）与特定债权相关联的担保物权，而是原则上独立于被担保的债权而存在的（非附随的）。贷款偿还后，担保接收人的债权消灭，担保物的所有权也并不会自动的回归于担保提供人。不过双方当事人通常也以意定的即担保合同的方式作出了约定：担保物的所有权应当在被担保债务消灭时被返还。

第四节 地役权

314　　根据民法典第1018条，一块土地可以为另一块土地的现时所有权人的利益而被设定负担。它表现为：其他土地的所有权人可以在个别关系中使用被设定负担的土地，某些特定行为不得在该土地上被实施，或某项权利的行使被排除，而此权利基于对受负担土地的所有权而产生。

第五节 用益权

物的所有权人通过设立用益权的方式，将物的使用和收益转让给第三人并保留法律上的处分权（民法典第1030条）。因为这样的方式而有了有用益负担的所有权的持有人和受益的"用益权人"。

第六节 抵押权

抵押权是一项土地担保物权（民法典第1113条）。一块土地可以以这样的方式被设定负担：从土地中向受益于该负担设定的人支付一定金额，以清偿其享有的债权。抵押后，土地被出质给债权人。抵押权人可以以强制执行（民法典第1147条）的方式使用土地本身及其用益，以获得预定的金额。但是土地所有权人（或者债权人，如果债权人与所有权人不是同一人的话）可以向债权人偿付，以阻止强制执行发生（民法典第1142条）。

抵押权依所有权人与个人债权持有人之间的合意（民法典第873条第1款），以及在土地登记簿上对抵押权的登记（民法典第1115条第1款）而成立。抵押权通常则通过特殊的抵押证券来进行书面确认以及转让给债权人（抵押证券，民法典第1116条第1款，第1117条）。若抵押证券被排除，则应使用登记抵押（民法典第1116条第2款）。

不同于担保性让与，土地上的抵押权让与和针对债务人的个人债权依法相关联（附随性），这种债权通常是贷款债权。个人的金钱支付性质的债权的存在是抵押权的必要法律要件。抵押权因担保债权的转让（民法典398条）而转让。证券抵押权的转让还要求抵押证券的交付（民法典第1153条及以下），债权已消灭的，所有权人取得抵押权（民法典第1163条第1款第2句）。

第七节 土地债务

319　土地债务也属于土地担保物权的一种，规定于民法典第1191条及以下。一块土地可以通过这样的方式被设定负担：从土地中向受益于该负担设定的人支付一定金额（民法典第1191条）。土地债务使土地承担着支付一定金额的责任。土地债务必须作为一项不动产物权登记在土地登记簿中。如此，根据民法典第1192条第1款并第1147条，土地债务赋予债权人请求债务人容忍对其强制执行的权利。该请求权成立于土地债务的通知终止发出之后（民法典第1193条）。

320　在实践中，土地债务的意义高于抵押权。这是因为，与抵押权相反，土地债务没有对债权的依附性。它不依赖于债权的成立及其范围。土地债务和债权可以单独被转让或使用。除去这一区别，抵押权的相关规定相应地适用于土地债务。（民法典第1192条第1款）。

第八节 质权

321　动产也可以为担保债权而被设定负担，使债权人有权从该动产中寻求受清偿的方式（民法典第1204条及以下）。为设定质权，必须由所有人将物交付给债权人，且双方达成关于债权人应享有质权的合意。债权人正在占有物的，则只需成立质权的合意即可。被所有人间接占有的物，其交付可以通过以下方式被替代：所有人将间接占有转让给质权人，并将出质通知占有人（民法典第1205条第1、2款）。债权人的请求权没有被履行的，债权人可以使用出质物。

第九节 地上权

322　地上权，是指地上权人通过定期支付报酬，即地上权租金，而享有的在他人的土地地面上或地面下建造或维护建筑物的权利（地上权法第1条第1款）。

地上权的特别之处在于：根据法律规定（民法典第946 323
条），不动产所有权人原则上也获得附合于土地之上的建筑物
的所有权，但是因行使地上权而建造的建筑物，被视作地上
权而非土地所有权的重要组成部分（地上权法第12条第1款第
1句），所以建筑物的所有权人不是土地所有权人而是地上权
人。但若地上权归于消灭，则建筑物转变为土地所有权的重
要组成部分（民法典第94条第1款），土地所有权人成为其所
有人。

地上权是土地上负担的一项限制物权，登记于两种不同的 324
登记簿中，一个是受负担土地的登记簿（土地登记簿），另一
个是地上权登记簿（地上权法第14条第1款）。

第四章 婚姻家庭法（民法典第四编）

婚姻家庭法，是指调整因婚姻或血统而相关联的人之间 325
的法律关系的法律规范的总称。所以民法典的第四编分为三
节：婚姻，血统关系和监护。

第一节 婚姻

婚姻，是指一男一女终生的结合（民法典第1353条第1 326
款）。婚姻受到国家的特别保护。这种对婚姻和家庭的保护也
都是受到宪法保护的基本权利（基本法第6条第1句）。自2001
年起，在德国法律中除了婚姻关系外还有登记注册的同性生
活伴侣关系，他们的法律关系在生活伴侣关系法中得到调整。

一、 结婚

从婚姻家庭法上来看，婚姻是契约。在德国只有一夫一妻 327
制是被允许的，即在同一时间内只能与一人缔结婚姻（民法典
第1306条）。缔结婚姻，须有未来的夫妻双方同时在场，在国
家户籍登记官员面前完成（民法典第1310条第1款第1句）。因
结婚是高度的身份行为，所以不得由代理人代而为之。

328　　婚姻可以以婚约（民法典第1297至1302条）作为不具约束力的婚姻家庭法合同为前提，认真地承诺未来一同步入婚姻。但是，即使有这样的承诺，订婚人也不得以诉讼的方式追求婚姻的缔结（民法典第1297条第1款）。

329　　双方当事人必须具有有效缔结婚姻关系的能力。原则上，人在成年之后才具备婚姻行为能力（民法典第1303条第1款）。在德国，成年年龄是18岁。但若申请人已满16岁，且另一方已经成年的，家庭法院可以不考虑前款规定（民法典第1303条第1、2款）。此外，有效的婚姻须排除婚姻限制的影响，比如重婚或近亲结婚的禁止（民法典第1306条及以下）。

二、婚姻的法律效力

330　　结婚后，夫妻双方负有以配偶身份共同生活并相互扶养的义务（民法典第1353条第1款第2句，第1360条及以下）。

（一）婚姻中的家务处理

331　　配偶双方应对共同的家务进行商定，且双方都有权为共同的生活支出而赚钱（民法典第1356条）。配偶一方，在效果及于且有利于另一方的情况下，可为另一方处理日常家务（比如购买食物）（民法典第1357条）。

（二）婚姻财产制

332　　结婚还影响了夫妻双方之间的财产关系。对于如何确定共同婚姻生活下的财产关系，法律为婚姻共同体财产关系的调整提供了若干的选择（即夫妻财产制）。在德国有三种不同的夫妻财产制度，分别是财产增加共同制（民法典第1363条及以下），约定财产制中的分别财产制（民法典第1414条），约定财产制中的共同财产制（民法典第1415条及以下）。若夫妻双方没有就此达成约定，则依法律规定自动适用财产增加共同制。

1. 财产增加共同制

若夫妻双方选择了财产增加共同制（民法典第1363条及以下），则他们二人的财产不归夫妻共同所有，而是继续归各自所有。夫妻一方在婚后取得的财产，也不会成为共同财产。夫妻任意一方都独立自主地管理自己的财产，但会受到一定的限制。若因婚姻的终止而终生解除配偶间的财产增加共同制（尤其通过离婚，见下文三、（二）），则将确认配偶双方各自在婚姻存续期间所获得的财产增加额并相互均衡。财产增加额较多的一方，须将自己多出的部分的一半给予另一方。

2. 约定财产制

除了法定的财产增加共同制外，以契约自由原则为基础的选择性财产制也发挥了重要作用。根据民法典第1408条，夫妻双方可以通过婚姻契约来选择分别财产制或共同财产制的方式调整其财产关系。

配偶双方排除财产增加共同制（或仅仅排除财产增加额的均衡），且没有另作约定的，则分别财产制（民法典第1414条）立即生效。选择了该制度的夫妻，其财产完全由各自分别管理。夫妻双方虽只能各自支配属于自己的财产，但却是不受限制的。共同财产制则须明确被约定在合同中，其效果是：双方过去和将来的财产都成为夫妻共同财产（民法典第1415条及以下）。

三、婚姻的终止

一般来说，婚姻在一方当事人死亡后才终止。但婚姻关系也可因废止或离婚而终止。

（一）废止

根据民法典第1313条，已缔结的婚姻可以被废止。民法典第1314条第1款以及第2款明确列举了废止的原因。婚姻可因下列情形为例而被废止：结婚时存在禁婚原因；一方当事人没有达到法定婚龄或不具备婚姻行为能力的。另一个废止的原因可以是一方当事人在结婚时：处于丧失知觉或暂时的精神错乱状态（迷醉）；或并不知道缔结行为涉及到结婚的。废止还有可能因为：配偶一方因受恶意欺诈或非法胁迫而缔结婚姻；或配偶双方在结婚时，达成了不建立共同婚姻生活的合意（*形婚*）。

338 根据民法典第1315条，若配偶一方或双方的意愿被确定为即使存在可导致婚姻废止的情形也仍欲延续婚姻（*认可*），则婚姻的废止被排除。

339 婚姻废止的法律状态须通过相应的诉讼，依家庭法院的判决而确定。婚姻废止的后果原则上与离婚的相关规定一致（民法典第1318条）。

（二） 离婚

1. 婚姻的破裂

340 不存在婚姻废止原因的，婚姻可因配偶一方或双方的申请而被解除（民法典第1564条第1句）。婚姻也可依主管的家庭法法官的裁量而解除。

341 婚姻破裂是唯一的离婚原因。破裂的婚姻是指，配偶双方的同居关系不复存在，且不能期待其恢复（民法典第1565条第1款）。至于婚姻破裂是哪一方的过错，在所不问。双方已分居一年，且双方申请离婚或被申请人同意离婚的，无可辩驳地推定婚姻已破裂（民法典第1566条第1款）。若配偶双方已分居三年，则对于婚姻破裂的推定只需配偶一方提出申请（民法典第1566条第2款）。分居，是指配偶双方间不存在，且配偶一方显然不愿意建立家庭的共同关系（民法典第1567条第1款第1句）。配偶双方分居未满一年的，仅在下列情形下才能离婚：因配偶另一方的原因，婚姻的延续对于申请离婚的一方将造成不合理的困难（民法典第1565条第2款）。

2. 离婚的效力

离婚后,原则上双方各自对自己负责,及自我的扶养和照顾。必要的情形下,他们也有义务适当地从业(民法典第1574条)。只有当一方在离婚后没有扶养能力时(贫穷,民法典第1577条第1款),得以向另一方*请求*扶养。请求原因可以是双方共同子女的教育、年老、疾病以及不可避免的失业(民法典第1571条及以下)。扶养请求权保留至请求权人不再贫穷或寻得适当的职业、缔结新的婚姻或与之同等的生活伴侣关系(民法典第1586条第1款)。贫穷的离婚配偶可以要求的扶养的标准(额度)依据过去的婚姻生活水平确定(民法典第1578条),但是以不妨害自己的适当生计为限(自我保留,民法典第1581条)。

342

此外,离婚配偶双方在共同婚姻期间获得的养老金待遇和其它养老保险,须进行供给均衡(民法典第1587条)。

343

尤为重要的是有关父母离婚后对子女的抚养的制度。原则上,父母保留共同照顾子女的权利,除非父母任意一方提出单独照顾的申请,并由家庭法院判决。该判决须以符合子女利益为前提(民法典第1671条)。

344

第二节 父母照顾

根据民法典第1626条第1款第1句,父母有照顾其未成年子女的义务和权利。它包括人身照顾,财产照顾以及对子女法律行为的代理。父母和子女有互相帮助和体恤的义务(民法典第1618a条)。

345

民法典第1626a条第2款规定,子女出生时父母未婚的,仅母亲享有抚养权,但欧洲人权法院认为这项规定是对未婚父亲的歧视,根据最新的关于抚养权的规定,父亲无需母亲同意也享有共同照顾的权利。他必须向家庭法院提出抚养权申请。对此,适用"消极子女利益判断"。在不违背子女利益的情况下,法官应判决父母共同享有照顾子女的权利(民法

346

典第1626a条第3款第1句）。但法院在判决前须给予母亲一方对共同照顾提出异议的机会，以数周为期限（民法典第1626a条第3款第2句）。

第三节 血亲

347　　血亲关系（民法典1589及以下），是指出于同一祖先的自然人之间的法律关系。直系血亲，是指两人中一人是另一人的后代（祖父母、父母、子女等）。旁系血亲，是指两人不互为直系血亲，但同为第三人后代（兄弟姐妹、叔叔等）。血亲关系对于抚养权与继承权的确认有重大意义。

第五章 继承法

348　　继承法调整死者（被继承人）的财产的转让。其功能是，私人财产得到保障，不因人的死亡而消亡。继承适用*概括继承原则*：继承人继承被继承人的财产整体（包括权利义务），而不是单一的物件或权利。有多个继承人时，遗产成为继承人的共同财产，各个继承人按份继承（民法典第2032条及以下）。

第一节 继承

349　　法定继承规定了财产所有权人死亡后由谁继承多少财产。但它介入的前提是，被继承人未通过*遗嘱*或*继承合同*的方式自行决定其继承人。

350　　法定继承遵循顺序原则。根据这一原则，继承人的顺序是确定的。第一顺位法定继承人是被继承人的后代（民法典第1924条第1款），第二顺位法定继承人是被继承人的父母以及他们的后代（民法典第1925条第1款），第三顺位法定继承人是被继承人的祖父母以及他们的后代（民法典第1926条第1款），第四顺位继承人是被继承人的曾祖父母及他们的后代（民法典第1928条第1款）。由此得出：

首先（第一顺位），被继承人的子女按等份继承（民法典 351
第1924条第1款）。继承开始时子女已死亡的，由他们的子女
即被继承人的祖孙代替。祖孙已死亡的，则又由他们的子女即
被继承人的曾孙代替（代位继承，民法典第1924条第3款）。

被继承人已婚的，原则上其*配偶*也是法定继承人，依据 352
民法典第1931条第1款第1句与第一顺位继承人一起继承，继
承遗产的四分之一（例外情形见民法典第1933条）。夫妻财产增
加共同制中增加额的均衡（见上文第四章第一节二（二）1）
将以下方式实现：生存配偶的法定应继份增加遗产的四分
之一，此时双方是否已在单个案件中取得财产增加额则无关
紧要（民法典第1931条第3款，第1371条第1款）。

被继承人没有后代的，由其父母及其父母的后代继承 353
（第二顺位，民法典第1925条第1款）。父或母在继承开始时
已死亡的，由死者的后代依照第一顺序继承的相关规定代替继
承。无后代的，生存的父母一方单独继承（民法典第1925条
第3款）。被继承人的配偶在和第二顺位的血亲一起继承时，继
承遗产的一半（民法典第1931条第1款第1句）。并且在民法典
第1371条第1款第1句的情形下法定应继份增加遗产的四分之
一。若被继承者既没有第一顺位血亲也没有第二顺位血亲（包
括祖父母），那么活着的配偶单独继承遗产的全部（民法典第
1931条第2款）。

第二节 死因处分

一、遗嘱

遗嘱人生前可在遗嘱中自由决定继承顺序，即排除法定继 354
承顺序（遗嘱自由）。其遗嘱自由受到宪法的保护（基本法第
14条第1款）。

但考虑到遗嘱的重要性，法律对遗嘱的形式有严格的 355
规定（民法典第2064条）。有多种方法来设立一个有效的遗
嘱。所谓的*公证*遗嘱由公证员书写（民法典第2232条），所

谓的*紧急遗嘱*可以在市长处、三个证人前或海上设立（民法典2249及以下）。遗嘱人在此情形下可口头表达遗嘱。*亲笔遗嘱*由遗嘱人自己单独撰写，遗嘱人必须亲笔手写遗嘱并签名（民法典第2247条）并且保存到官方机构（民法典第2248条）。亲笔遗嘱人必须是成年人。

356　　遗嘱人可随时撤回遗嘱的全部或部分内容，但必须满足相关的形式要件（民法典第2253条及以下）。

二、共同遗嘱

357　　夫妻可以合立遗嘱，由配偶一方亲笔书写遗嘱，另一方只需共同签名即可（民法典第2265、2267条）。夫妻双方在遗嘱过程中进行处分，且由此处分可以认为一方的处分若无他方的处分就不会做出的，一项处分的无效或者被撤回将导致另一项处分不生效力（民法典第2270条第1款）。

三、继承合同

358　　被继承人欲通过死因处分自行设立死后针对自己或共同所有的财产的处置规则，并排除法定继承顺序的适用的，继承合同（民法典第1941条，第2274条及以下）是遗嘱之外的第二种方式。

359　　继承合同的订立须在公证员公证下进行，且被继承人本人及所有合同当事人必须同时在场（民法典第2276条第1款）。根据民法典第2275条第1款，继承合同要求被继承人除了具有遗嘱能力外，还必须是完全行为能力人。被继承人不得以继承合同进行指定继承、遗赠和负担以外的处分行为（民法典第2278条第2款）。另外，被继承人可通过遗嘱的方式进行其它终意处分。

360　　与遗嘱不同的是，继承合同使被继承人、合同当事人受到法律约束。遗嘱中被提及的当事人无法阻止该遗嘱被撤销，而继承合同中继承人的利益以*期待权*的形式得到保障。继承合同可以被撤销（民法典第2281条及以下）。继承合同以及个别的依约处分可以由订立继承合同的人将合同废止（民法典第2290条第1款）。在特定情形下，合同还可以被解除（民法典第2293条及以下）。

第三节 死因处分的内容
一、 对法定继承顺序的排斥

　　被继承人可依民法典第1937条以指定继承人的方式将其财产的全部或部分转让给指定之人，还可以将其血亲、配偶或生活伴侣排除于法定继承之外（排除法定继承，民法典第1938条）。在一个继承人失格的情形下，被继承人可依民法典第2096条及以下指定一个*替补继承人*，以避免法定继承的适用。　　361

　　被继承人还可以要求被指定的人（*后位继承人*）只有在另一人（*前位继承人*）先继承了此遗产之后才能成为继承人（民法典第2100条）。后位继承人对后位继承享有期待权。随着后位继承的发生，前位继承人不再是继承人，遗产归后位继承人所有（民法典第2139条）。　　362

二、 个人赠予

　　被继承人可在遗嘱中指示*遗赠*（民法典第1939条，第2147至2191条）。受遗赠人仅是对遗产中的部分财富有请求权，不具有继承人地位。受遗赠人可要求继承人交付遗赠的财产（民法典第1939条，第2147条及以下，第2174条）。　　363

　　除此之外，被继承人还可以通过在遗嘱中附条件的方式，比如照管坟墓，使继承人或受遗赠人负担给付（民法典第1940条，第2192条及以下）。第三人不享有此类给付请求权（民法典第1940条）。　　364

第四节 特留份规则

365　遗嘱的自由受到特留份规则的限制。它保障与遗嘱人最亲近的家庭成员无论是否在遗嘱中被提及都仍被视为遗产继承人。只有被继承人的后代，配偶与父母（民法典第2303条第1款、第2款）享有特留份请求权。特留份为法定应继份的价额的一半（民法典第2303条第1款第2句）。

第五节 继承人的法律地位

366　遗产继承并不一定或一直只给继承人带来利益。接受了遗产的继承人，也承担着以自己的财产和继承的遗产为未清偿的遗产债务负责任的风险（民法典第2058条）。被继承人是否对债务知情并不重要。另外，在德国，继承遗产须缴纳高额税款，尤其是不动产和巨额财产的继承人，须以大量金额向国家缴税。

367　一旦继承开始，继承人可表明接受或拒绝遗产（民法典第1946条）。继承人在不知情、无意愿的情形下，直接依据法律自继承开始时取得遗产。因此，继承人对无意继承的遗产享有拒绝权。继承人已接受遗产的，或就遗产的拒绝所规定的期间已经过去的，不得再拒绝遗产，期间届满时，遗产视为已被接受（民法典第1943条）。拒绝权的行使须在继承人知悉继承后的六周内（民法典第1944条第1款）。

368　遗产的接受或拒绝可予撤销的，撤销只能在六周内为之（民法典第1954条第1款）。撤销对遗产的接受，视为拒绝遗产；撤销对遗产的拒绝，视为接受遗产（民法典第1957条第1款）。

第六章 劳动法

369　劳动（私）法调整雇主与雇员之间的关系。其中的问题关键常常在于雇员的经济从属性。劳动法旨在保护权力差距之下的雇员（保护原则）。

第一节 体系

劳动法区分为*个人劳动法*和*集体劳动法*。前者调整雇员与雇主的关系,后者对联合会作出了规定,这些联合会将雇主与雇主、雇员与雇员分别联合起来。 370

劳动法并未被统一地规定在一部劳动法典中,更多表现为特定领域的大量单行法律条文。劳动法的许多领域甚至没有特别的法律规定。在此情形下,可直接利用基本权以及宪法的价值观,将其扩张解释为劳动法的内容。法官的裁判也例外地在劳动法中发挥重要作用。这一方法在英国、美国很常见,因为他们的法律体系大部分建立于判例法基础之上,而非确立的成文法。但在德国,法律条文原则上要优于法官的判决。 371

与个人劳动法区分开来的是*公共服务法*。它调整公共服务业的职员的劳动关系。这些职员是指公务员和其他在国家机关就职的雇员和员工。他们的雇主(即服务主体)是国家(联邦,州)、乡镇或其他公法意义上的实体或机关。 372

第二节 个人劳动法

一、工人与职员

劳动法区分了工人和职员的概念。*工人*是指职员外的所有雇员。他们主要从事体力劳动。而*职员*则是指以完成脑力劳动为主的雇员,他们主要从事商业、管理、办公或高级技术类工作以及其他重要的、高级的工作。 373

二、劳动关系

劳动关系,是依合同确立的债权债务关系。合同的缔结一般适用私法的基础原则:契约自由。劳动合同是一种*雇佣合同*(见上文第二章、第四节、五)。雇员的主要给付义务就是尽可能好地付出劳动力,无需对劳动的结果负责任。雇员须遵从雇主的指示。雇主的主要给付义务是支付报酬。 374

375　　和其他所有债权债务关系一样，劳动关系中除了主要给付义务，还有其他的相互注意义务。它禁止雇员泄露商业秘密或者与雇主进行业务竞争。

376　　劳动关系依正式的解雇而结束。解雇必须遵守特定的期限。但因为一些原因和前提条件，非正式的解雇（即没有遵守解雇期限）也可能发生。比如，雇主方面的解雇因雇员的错误行为或企业财政危机而具有正当性。

　　三、 国家干预

377　　契约自由受到一些法定禁令的限制。这些禁令规制劳动市场，从而保证雇员的工作与基本权相适应。比如，依据法定规范，童工与黑工是被禁止的。或者来自于非欧盟国家的外国人（居留法第39条），就业时须持有工作许可证。

378　　*工作时间*也受到法律的限制。服务于雇主和雇员的工作时间法，对每日最长工作时间、工作期间休息时间的最低限度、周日和假日的停止工作均有限制性规定。此外工作时间法还对夜班有保护性规定。

379　　根据工资续付法，雇员在病假期间得请求雇主*继续支付薪酬*（工资续付法第3条第1款）。前提是劳动关系已不间断地成立至少四周（工资续付法第3条第3款），且雇员不是因为自己的过错而丧失劳动能力，即他本人没有"严重违反"的行为。工资续付请求权持续六周（工资续付法第3条第1款）。根据工资续付法第5条第1款的规定，雇员应当将其丧失劳动能力的状态不迟延地通知雇主。长于三个日历日的疾病，应提供医疗证明。雇员不履行此义务的，雇主享有权暂时拒绝给付。根据工资续付法第4条第1款，续付的薪酬额以全额工资为准。不仅全职雇员享有工资续付请求权，兼职雇员也同样享有该权利。

380　　*解雇保护法*为雇员规定了解雇保护制度。为了使法律能适用于具体案例，该用人单位须有十位以上员工（*小企业条款*，解雇保护法第23条第1款）且劳动关系长于六个月（解雇保护法第1条第1款）。解雇保护法第1条第2款规定了解雇的三个原因：雇员个人、雇员行为和企业原因。*因雇员个人而解雇*，是指劳动关系解除的原因在于雇员个人（长期的疾病，无劳动能力），且通常本人无过错。*因雇员行为而解雇*，是指解雇的原因在于雇员的违约行为（盗窃、惯常性迟到、无理由地缺席），它使雇主无法期待劳动关系的继续。因雇员行为导致的解雇可以是即时的、非正常的（无需遵循解雇期限），但雇主在解雇雇员前应首先就该行为给予警告，重大违约行为的情形除外。*因企业原因而解雇*，是指由于企业的原因（营业损失、企业重组）导致了雇员被解雇。需要注意的是，根据解雇保护法 第1条第3款，雇主在解雇员工时，应首先解雇与其他员工相比受到的影响最小的员工。如果雇主在选择解雇员工时，未考虑或未充分考虑到员工的工作年限、年龄、抚养义务和残疾状况，则该解雇具有社会不正当性。应雇员的要求，雇主须向雇员说明解雇原因，此原因应是社会选择的结果。

第三节 集体劳动法

一、*劳资协议双方*

德国的劳动法深受劳资协议双方的影响。以基本法第9条第3款为基础，即任何人都可以建立用于改善和保证良好工作条件的联合，形成了大规模的（私法）工人联合会（工会）和雇主联合会。他们显著影响着劳动关系的形态，参与有关薪酬、休假和解雇规定的协商并发挥决定性的作用。又因工会与雇主联合会就这些领域的规定达成了所谓的劳资协议，所以劳资协定虽然原则上只适用于协议双方，却具有一般适用性。

二、*劳动争议*

为了各自利益的实现，雇员和雇主均有发起劳动争议的权利（基本法第9条第3款）。雇员可通过罢工集体施加压力，雇主则可使用解雇的方法。这当然不是毫无限制的，这些手段都应遵循比例原则。在劳动争议被接受处理前，应先进行协商谈判。

383　　罢工，是指拒绝履行合同约定的劳动义务。只有工会引领下的罢工才是合法的，否则就是不被允许的"野罢工"。罢工期间，劳动关系暂停，罢工者不必履行劳动义务，雇主也无须支付这期间的薪水。工会组织的雇员可从工会处领取参加罢工期间的罢工经济资助。

384　　员工罢工时，雇主可在机会平等的范围内使用*锁厂*的手段。这种锁厂，是指雇主在发生劳动争议时暂时免除雇员的劳动义务。如果雇主对罢工作出锁厂的回应，则雇员不再负有劳动给付的义务，雇主也不必支付工资。锁厂作为雇主的角度的回应，被称为*防御性锁厂*。对于工会来说，这将提高罢工的成本，因为他们不得不支付更多的罢工金。除了防御性锁厂，理论上还有*进攻性锁厂*，即雇主联合会试图以此来更改劳资协定。

三、参与决策权

385　　在德国，雇员的*参与决定权*也是集体劳动法的一部分。参与企业决定的对象包括企业秩序、工作岗位的设置、工作流程以及工作环境。企业组织法规定了雇员的企业共决权。在这些法律中，确定了比如雇员代表的信息权、听证权和协作权，以及雇员个人的权利。

386　　参与企业经营决定的机构是由企业职工选出的*企业职工委员会*（企业组织法第1条，第7至41条）。企业职工委员会的任务是代表雇员的利益。对于与经营相关的决策（解雇员工、工作时间、生产问题等），企业工会享有参与决定权（企业组织法第74至113条）。此外，企业的经营机关比如监督委员会和董事会，一般也有雇员代表任职其中。

第七章 商法

第一节 商人特别法

商法是商人的特别法。商人是以商事活动为业，为从销售中获得经济利益买卖商品的人。 387

商法典满足着贸易交往的需求。由于商人通常富于商业经验，所以他们并不需要与一般人相同的保护。商法典的规定因此也用于加快交易往来。 388

第二节 商人

商法典意义上的商人是经营商业的人（商法典第1条，所谓的完全商人）。商业企业是指依照其种类与规模，须以商人形式建立并从事业务的企业（商法典第1条第2款），它是指相对较大的企业，这些企业应在商事登记簿上登记（商法典第29条，见下文第四节）。营业活动未满足商法典第1条第2款所规定的规模的较小企业，依商法典第2条经（自愿）登记获得商人资格（登记商人）。相对的：企业经商事登记，经营者便不能主张其所从事的并非商业（假定商人，商法典第5条）。此外，如果因可归因于本人的行为造成了商人的假象，那么无论他是否满足商人的法律前提条件，原则上都依其权利表见视其为商人（表见商人）。 389

第三节 商事活动

商行为（商法典第343条及以下）是商人在商业经营范围内、私人领域外的一切活动。该法律行为必须有至少一个商人的参与。 390

在民法典的一般规定之外，商行为还需遵守一些重要的特别规定。例如对生意伙伴要约的沉默即为接受，而无需明示的意思表示（商法典第362条第1款第1句第2半句）。此外，即便知道商业售卖人并非物品的所有者，但商人相信出售者因 391

物权人允许得以支配该物时，亦可善意取得（商法典第366条第1款）。在民法典中，这种相信是不足以构成善意取得的。恰恰相反，民法典要求买方具备对卖方物权人地位的信赖。

第四节 商号与商业登记

392 在德国，商人有义务成立商号。商人以商号的名义从事商业活动、签署文件（商法典第17条第1款）。他可以以该商号的名义起诉与被起诉（商法典第17条第1款），该企业以它登记在商事登记簿上的形象为准。

393 商业登记是载明特定地区登记商人的公共索引。它一般包含了商号及其处所、分号、次级分号、活动对象、代理人、企业的法律形式及原始与注册资本等信息。登记对于商事往来具有重要作用。任何人均可查阅商业登记，获得关于其生意对象商人的信息。经登记与公布的事项对第三人发生效力（商法典第15条第2款）。应登记人未登记特定事项并使其公布，就不得以该事项对抗第三人，但第三人知晓时除外（商法典第15条第1款）。

第五节 商事代理

394 出于实际需要，商人可以委托他人代理，使代理人为他（被代理人）从事商业活动。此处应区分两种不同的代理。

395 *行为代理*指授权代行一切惯常商事及商业法律活动（商法典第54条及以下）。这种授权与民法典中的代理类似（见上文民法第一章、第六节、二）。另一种商事代理即全权代理（商法典第48条及以下）则远远超出行为代理，它许可代理人进行法庭内外的一切商事及商业法律活动（商法典第49条）。对全权代理的代理范围的限制对第三人无效（商法典第50条第1款）。由于其范围上的特殊性，只有商事所有人及其法定代理人才能以明示方式授权全权代理，并可随时撤销（商法典第52条第1款）。

第八章 公司法

公司法是规定私人联合团体的法。这里的私人意味着联合不具公法性，而是相反具备私法性结构。社团分为法人社团与人合社团。所有公司法上的结社都是为了特定的共同目的、通过法律行为（公司合同）或章程实现的。它们多以经济性经营活动为对象，但也有基于理念的结社，建立与运营这种协会与社团的权利也受到宪法保护（基本法第9条第1款、第2条第1款）。 396

德国的社团非常丰富。各种不同的公司形式以不同的方式满足公司创始人（结社人）的需要，并保护与该公司缔结合同的第三人。尽可能容易地成立公司、避免过大的经济风险，这符合结社人的利益。相反，对方债权人则重视当公司尚未履行其义务即已失去偿付能力时的保障机制。 397

第一节 公司形式

结社人可自由决定选择哪种社团类型最能实现其结社目的（*法律形式选择的自由*）。但他只能选择公司法许可的法律形式，不得自行创立新的公司形式（*社团形式的有限条款*）。由此可以保护与公司缔结合同的第三人的利益。第三人应当知晓该社团的法律形式如何、谁对其义务担保。 398

第二节 人合公司与资合公司

一、区分

公司分为人合公司与资合公司。二者最重要的区别在于，并无新的法律主体随人合公司的建立而诞生。股东是共同的公司财产的权利人，并在法律交往中以公司的名义活动。人合公司因此并非独立的法人。资合公司的建立则产生了法人这一新的法律形象，它独立于股东，通过董事或理事以自己的法律主体性参与法律交往。 399

400 　　人合公司突出股东。因为人合公司无法独立于其人员存在，因此它取决于付出劳动力、知识、信用能力及其他的人员。资合公司则主要建立在股东筹集的金融资本之上。

401 　　公司法的规定还区分了公司的内部与外部关系，内部关系是关于公司结构以及股东之间的关系的，外部关系则规定了公司在法律交往中与第三人的关系。

二、 人合公司

402 　　人合公司包括民法合伙、无限责任公司、两合公司和合伙公司。

（一） 民法合伙

403 　　民法典规定的民法合伙是指至少两人为共同目的、通过合伙合同联合（民法典第705条）。合伙人有义务致力于合伙约定目的之实现。民法合伙不得以商业营业为目的，除此以外可以追求一切在合伙人看来通过合伙更易达成的合法目标。私人之间的合伙拼车就是民法合伙的例子。

1. 权利能力

404 　　由于法律并未明确规定，因此民法合伙的权利能力长期存在争议。但无论民法合伙作为人合社团有没有自己的法律主体性，它的一些权利与义务都得到了认可。它（而非有法律能力的合伙人）可以起诉与被起诉。

2. 管理

405 　　合伙人之间的关系（内部关系）适用共同管理权原则。按照民法典第709条第1款，合伙人共同决定实现合伙目的的一切措施。但合伙人也可通过合伙合同一致认可一个或多个合伙人为理事（私权自治）（民法典第710条）。

3. 代表

在向第三人代表合伙（对外关系）时，亦适用共同代表权 406
原则。因此，对合伙有效的意思表示只能由合伙人共同作出
（民法典709条第1款）。但如果一名合伙人在合伙内部受委托
理事，则存疑情况下亦可由其独自对外代表合伙（民法典第
714条）。

4. 财产

通过合伙人出资或合伙自己赚取而获得的合伙财产是所 407
谓的共有财产。它不论份额地属于所有合伙人共同所有，并
严格区别于合伙人的个人财产。单个合伙人不得支配合伙财
产，包括他自己的计算份额。这是民法典第119条第1款的强
制性规定，合伙人不得在合伙合同中予以变更或废除。

5. 责任

合伙以其合伙财产对第三人负责（民法典第718条）。因为 408
它不是独立的法律主体，而是通过合伙人进行法律相关的活
动，所以所有合伙人个人直接对合伙的法律行为的约束力担保
（类推适用民法典第128条），他们构成共同债务人。这是民法
合伙中合伙人承担的不利因素。但合伙的建立不受作为对债权
人的担保的最低出资之限制。合伙的债权人可以通过追溯至合
伙人的私人财产来得到保护（民法典第739条）。

（二）无限责任合伙

为满足商业目的、在共同商号下建立的、所有股东均对公 409
司债权人负无限责任的社团，是无限责任合伙（商法典第105
条第1款）。无限责任合伙是民法合伙在商法中的特殊模式，商
法典规定了它与民法合伙的决定性区别。不同于民法合伙，无
限责任合伙的目的在于从事商业活动。虽然它们的建立都需要
合伙合同，但无限责任合伙还必须进行商业登记，从而对参与

商事往来的第三人可辨。其中合伙人必须实名签署（商法典第106条）。

1. 权利能力

410　　按照商法典第124条第1款，无限责任合伙可以以商号的名义独自承担义务，进行诉讼。但作为人合社团，它依然不是法人。

2. 理事

411　　合伙人之间的法律关系首先遵照合伙合同（商法典第109条第1个半句）。所有合伙人均对公司的经营管理享有权利、负有义务（商法典第114条）。如果合伙合同委托一名或多名合伙人管理，则其他合伙人就被排除在理事之外（商法典第114条第2款）。如果理事归于全体或多个合伙人，那么他们中的任何一位均有权独自行动，但若其他理事合伙人反对，则该行为无法成立（商法典第115条第1款）。经营管理权覆盖合伙的惯常商业经营中的一切活动（商法典第116条第1款）。

3. 代表

412　　任何未被合伙合同排除代表权的合伙人均有权代表合伙（商法典第125条第1款）。合伙合同可以规定所有或多个合伙人只拥有共同代表权（共同代表，商法典第125条第2款第1句）。

4. 责任

413　　根据商法典第124条，合伙以合伙财产为担保，合伙人作为共同债务人，以其个人就公司义务向债权人担保，与之相悖的约定对第三人无效（商法典第128条）。债权人有权选择是向合伙还是合伙人采取行动。

（三）两合公司

两合公司（商法典第161条第1款）同样以商业经营为目的。它与无限责任合伙的本质不同在于，股东并非都以相同的方式对两合公司的义务担保。

1. 责任

无限责任股东原则上像无限责任合伙中的合伙人一样，负无限责任（商法典第161条第2款、第128条），而有限责任股东的责任仅限于其在公司合同中被确定的担保金额。他并非以全部私人财产，而是仅以他投入公司的份额来担保（商法典第161条第1款）。因此，他也不得成为理事或在法律交往中代表两合公司（商法典第170条）。通过这种方式，无限责任股东可以为公司筹集更多资本而无需稀释自身权力，有限责任股东则可在追求利益的同时避免过大的风险。有限责任股东必须通过商业登记对第三人可见（商法典第162条）。

2. 有限责任两合公司

有限责任两合公司是两合公司的特殊形式，属于人合社团。不同于典型的两合公司，它的个人无限责任股东不是自然人，而是一个股份有限公司（见下文三、（一）），从而减少公司背后的股东的责任风险。

三、资合公司

资合公司首先有有限责任公司与股份公司。

（一）有限责任公司

1. 建立

有限责任公司是资合公司的一种，它通过经公证的公司合同建立的。公司的建立原则上需要复数股东，但也可以建立一人公司。为建立公司，必须在商事登记簿上完成登记（有限责任公司法第10条）。股东必须提前投入25000欧元以上的注册资本，公司方能建立（有限责任公司法第5条第1款）。股东不得从公司撤回该出资（出资返还禁止），它是在股东原则上不以个人对公司债务负责的情况下向公司债权人提供的担保。

419　因为有限责任公司避免了不可控的风险，并且在良好的商业模式中，25000欧元的必要出资基本可以被信用覆盖，所以有限责任公司在德国是建立企业时最受欢迎的公司形式。以更低的注册资本建立的公司，须在名称中标明"企业公司（有限责任）"。

2. 权利能力

420　有限责任公司是法人，拥有独立于其股东的法律人格（有限责任公司法第13条）。

3. 机构

421　有限责任公司依照法律由股东大会（有限责任公司法第48条）、监事会（有限责任公司法第52条）以及一个或多个理事（有限责任公司法第6条）组成。

422　股东大会是有限责任公司的最高决策机构，它代表所有股东。股东投票权重由他们在注册资本中的出资额决定。

423　监事会三分之一为员工代表，三分之二为雇主代表。但只有在员工人数多于500人以上的规模的公司才必须设立监事会。员工数多于2000人，则员工与雇主平分监事会议席。

4. 理事

424　理事领导公司日常经营。公司必须有一名或多名理事（有限责任公司法第6条第1款）。理事可以是股东，也可以是其他人员。理事的人选按照公司合同或有限责任公司法第三章的规定决定（有限责任公司法第6条第3款）。监事会对理事进行监督。

5. 代表

理事在法庭内外代表公司（有限责任公司法第35条第1款第1句），没有理事的公司在收到意思表示或文书时，由股东代表（有限责任公司法第35条第1款第2句）。有多个理事的情况下，除公司合同另有规定外，理事们仅有共同代表权（有限责任公司法第35条第2款第1句）。425

6. 责任

股东不以个人对公司义务担保，相反，公司按照有限责任公司法第13条第2款以其财产自己担责，因为它在登记之前就已经以公司名义活动了（有限责任公司法第11条第2款）。只有在例外情况下（财产混合、不利于债权人的有意解除股东责任），股东个人才会以全部个人财产对公司义务负无限、连带债务责任（直索责任）。426

理事就公司无偿付能力或确定资不抵债后产生的支付对公司负有赔偿义务（有限责任公司法第64条第1句）。违反义务的理事作为连带债务人对造成的损失负责（有限责任公司法第43条第2款）。427

（二）股份公司

1. 建立

股份公司原则上同样通过多个法人或自然人之间经公证的公司合同建立（股份公司法第23至53条），但单人也可建立股份公司（股份公司法第42条）。428

与有限责任公司一样，股份公司的建立也需要原始资本，其最低额为50000欧元（股份公司法第7条）。该资本被划分为若干股份，由持股人认股。其中应区分面值股与无面值股。面值股带有最低一欧元的特定面额，无面值股则包含了注册资本的特定百分比并随时间的变化上下变动。股份可以交易，因此股东始终处于变动之中，并不固定（流动持429

有）。通过获得股份，持股人亦获得在股东大会中的投票权与分红权。

2. 机构

430　　股份公司有三个机构。首先是所有持股人参加的股东大会（股份公司法第118条至149条），持股人的股东大会行使投票权，投票权重由持股量决定。股东大会每年决定决算后盈余的使用、选举监事会、决定基本业务和公司的解散。股份公司法第119条规定了股东的保留措施。该条列举规定了股东大会的职权，例如变更章程和资本筹集措施。但股东大会不得规定作为领导机关的董事会对公司的领导管理，相反，董事会应自负其责、领导公司（股份公司法第76条第1款）。

431　　董事会（股份公司法第76至94条）由多名成员组成，成员不必是公司的持股人（第三人机构）。他们通过债权合同，通常是劳务合同，为期三年被雇佣。

432　　董事会受监事会的监督（股份公司法第95至116条）。监事会质询董事会成员、代表股东利益面对董事会。共决股份公司的监事会由持股人代表和企业职工代表等比组成，成员数量由原始资本决定并不得高于21人。股东大会每四年一次重新选举监事会成员。

3. 理事与代表

433　　当董事会由多人组成时，全体成员行使共同理事权（股份公司法第77条）。董事会在法庭内外代表公司，无董事会的公司由监事会代表（股份公司法第78条第1款）。

4. 责任

434　　与有限责任公司一样，股东在成立公司时投入的股份公司注册资本也被用以保护债权人。因此股东对公司债务的个人责任有限。公司以其财产对其效力担保。

按照股份公司法第93条，董事会成员有过错地违背义务（例如违背一般善意经营者的注意义务）对公司造成的损失，由他个人，也就是以个人财产对公司负责。 435

第三节 协会

协会是人合社团的另一种形式。 436

一、建立

协会原则上不是针对商业经营的（所谓的非经济性协会）。因此，在德国最常见的协会表现形式是体育、艺术与慈善协会。但此外也存在经济协会（民法典第22条）。只有当无其他合适形式可选时，方可选择该法律形式成立经济性协会（候补性），其法律能力须由国家授予。 437

二、权利能力

协会经登记注册后，作为法人获得自己的法律人格（民法典第21条）。 438

三、机构

成员大会是协会的主要机构，对协会的一切事务负责。会长由成员选举产生，在法庭内外代表协会，他是协会的法定代理人（民法典第26条第2款第1句）。 439

四、成员

加入协会的成员享有共同管理权。每个成员都尤其拥有参与成员大会并行使投票权的权利（民法典第32条）。其他成员权利由协会的章程规定。 440

但协会是独立于其成员的。成员的变更、退出、加入不影响协会的存在。也正是在这个意义上，协会是法人的原型。 441

成员身份不得转移或继承，成员权的行使可以委于他人（民法典第38条）。

五、责任

442　民法典第31条规定了协会的责任问题。协会会长或理事成员在执行协会任务中造成的一切损失，都由协会负责。协会作为法人，以其协会财产担责，成员不被波及。

第四节　合作社

443　合作社被视为资合社团（尤其是股份公司）与协会的混合。

一、建立

444　合作社是通过共同经营提振其成员的收益、经济、社会或文化利益的社团（合作社法第1条第1款）。合作社的特殊标志在于，其成员同时是合作社企业的客户（*同一性原则*）。

445　合作社最少需三名成员（合作社法第4条）。它需在相关地方法院（注册法院）进行合作社登记，其章程必须包含法律规定的最低内容（合作社法第6条及以下）。

446　章程中应规定合作社的最低资本，不得因支付退出合作社或解除股份的成员的退股金而损害最低资本（合作社法第8a条第1款）。退出的成员只能得到属于他的经营盈余，原则上无权获得合作社储备金（合作社法第73条第2款）。

二、权利能力

447　经登记的合作社是法人，而且基于其法律形式构成商人（合作社法第17条）。

三、机构

448　合作社的机构有社员大会（合作社法第43条）、理事会（合作社法第9条第1句、第24条）和监事会（合作社法第9条第1句、第36条）。理事会至少需选举产生两名成员（合作社法第24条第2款）、监事会则至少需三名（合作社法第36条第1款）。成员数少于二十的合作社，可以依章程的规定不设监事会，此时如无法律特别规定，由社员大会承担监事会的权利与义务（合作社法第9条）。社员大会按照所投票数的多数进行决策（简单多数票），但法律与章程也可以要求更大的多数或设立其他要求（合作社法第43条第2款第1句）。成员一人一票（合作社法第43条第3款第1句），章程另有规定时除外。

四、管理与代表

自负其责地领导合作社，即对内管理及对外代表合作社，是理事会的任务。没有理事会的合作社由监事会代表（合作社法第24条第1款第2句）。理事会成员只有对合作社的共同代表权。但章程可以作出不同的规定（合作社法第25条第1款第1句）。

449

五、责任

合作社仅以其财产就它对债权人的义务担保（合作社法第2条）。也就是说合作社成员不按照份额负责。但合作社章程也可规定破产情况下成员的补款义务。

450

第三部分 刑法

第一章 总则

451　对法益（生命、健康、财产）的保护是社会中的有序共同生活不可或缺的。这固然是刑法的任务，但刑法是只有在其他方式不足以平息冲突、保护法益时才能动用的终极与最后手段。

452　刑法以国家刑罚为对象，规制国家与公民之间的关系，因此，它属于公法。但由于其特殊的内容属性，尤其是由于它比其他公法部门更加悠久的历史，它一般被视为独立的部门法。

453　刑法规定行为应受国家刑罚处罚的前提及其法律后果。刑事规定被包含在刑法典与刑事单行法（国际刑法典、麻醉品法、经济刑法）之中。刑法典分两部分编制，一为总则（刑法典第1条至第79b条），它包含了适用于所有犯罪的一般性规定，二为规定各犯罪构成的分则部分（刑法典第80至第358条）。

454　在德国，犯罪也被分为重罪与轻罪，法定刑幅度为一年以上徒刑的违法行为构成重罪（刑法典第12条第1款），而轻罪指依法应受一年以下徒刑或罚金刑的违法行为（刑法典第12条第2款）。

第一节 刑法原则

455　基本法第103条第2款的*法定性原则*规定，只有在实施之前已被法律形式规定为可罚的行为才能受到刑罚处罚。它通过使相对人由此知悉德国的命令与禁止来对其提供保护。同理，法无明文规定则无刑罚（参见刑法典第1条）。

456　从法定性中引申出了其他原则：为了保障法律确定性，应受刑罚处罚的行为必须被明确规定（*明确性要求*）。对可罚性的明确性要求亦适用于司法者，如刑事法官。不得超越条文原意、不利于行为人地扩大构成要件。不得回溯性地设立、加重刑罚，在行为时不受刑法处罚的行为，不得因事后的法律规定遭受刑罚（*溯及禁止*）。

457　此外也不得类推适用。即便当一个被视为"应受刑罚处罚"的行为并不直接符合任何法定构成要件、因而存在明显的刑罚漏洞时，法官也不得因该行为与符合刑事构成要件的行为的高度相似性而对其处以刑罚（*禁止类推*）。刑法中的法规漏洞由国家刑罚权谦抑承担。但这种法律适用之禁止仅适用于实体刑法。有利于被告的类推，例如合法化事由和排除罪责事由等，并不违背禁止类推。类推原则是从基本法第103条第2款及刑法典第1条的"法无明文规定不为罪"中引申而出的。

第二节　犯罪的性质

458　犯罪由三个要素构成：构成要件、违法性与责任。

459　可罚性以人的行为为前提。行为可以是作为也可以是不作为（刑法典第13条）。例如行为人可能将他人打死（*积极作为*），也可能不对跌落致重伤的他人提供救助（*不作为*）。不为人的意志控制的，例如反射行动和睡眠中的身体动作，不是行为。

460　只有当行为符合刑法中抽象表述的构成要件（例如杀人），同时违法且有责时，才具备可罚性。此外，只有在法律明确规定必须为特定行为时，不作为才可能遭受刑罚（所谓的不作为犯罪）。

461　下面将借助案例来进一步论述犯罪的各个要素。

462　*两名学生X与Y在火车站中因美女Z发生争执，X在得知Y与Z已经发生过关系之后，怒不可遏地拳击Y的面部，致其撕裂伤。*

一、构成要件

犯罪由主观要件与客观要件构成。客观构成要件只关注行为人的行为、受害者遭受的损失以及二者之间的因果关系。而主观构成要件则关注行为是否符合行为人意志。 463

(一) 客观构成要件

1. 构成要件前提

X的拳击损害了Y的健康（撕裂伤），因而符合刑法典223条第1款所载的伤害罪构成要件。 464

2. 因果关系

(1) 条件说

此外，X的拳击必须是身体遭受伤害（撕裂伤）的原因。按照等值条件说，假使其不发生则结果就不会发生的所有行为都具有原因性。如果X不曾殴打Y，就不会有该撕裂伤产生。 465

(2) 客观归属

必须由归属来对因果关系的宽泛性加以限制，否则X的母亲生下他的行为也会成为伤害的原因，因为如果X不曾出生，自然也就不可能殴击他人面部。为了避免原因概念的这种泛滥，客观归属说又重新对构成要件进行了限制。该说认为结果的归属要求行为人必须造成了法所不容的风险。孩子的出生显然不符合该情况，但X的拳击则构成了非法的危险。例案中存在客观构成要件该当性。 466

(二) 主观构成要件

1. 故意的要素

仅仅是人的行为，尚不足以触发刑罚。它还必须是故意的（刑法典第15条），也就是具备对犯罪构成要件的认识与意愿。这以行为人在行为时（刑法典第16条）清楚他的行为的法社会意义为前提。但是这并不要求X知其所犯的法律名目，而是以自知行为非法为已足。 467

468 　　故意分为*直接故意*（拉丁文：dolus directus）与*间接故意*（拉丁文：dolus eventualis）。直接故意中，构成要件的实现正是行为人所欲的目的。相反，间接故意中，行为人并不明确希望要件实现，而是虽然认为其可能，但"默认接受"。X非常清楚他的拳击将会伤害Y，而且此乃其所意欲，在此他的行为是直接故意的。但如果Y身患哮喘，而X也知道这一点，但还是为了与Z共度一些安宁时光而将Y困在没有窗户的房间内，此时X不具备直接故意。他虽然并不想造成Y的死亡，但为了与Z不受打扰，他默认接受了该死亡结果。

469 　　许多犯罪在有法律明文规定时也可以由过失行为构成（例如刑法典第222条、第227条）。这是指未尽社会交往中的必要注意义务而导致损害结果发生。（见下文第四节）

2. 事实错误

470 　　按照刑法典第16条第1款第1句，受事实错误支配者的行为不构成故意。这是指行为人在行为时未认识到导致构成要件该当性的事实。

471 　　与十四岁以下的人进行性行为，应依刑法典第176条第1款受刑。因为Z的自述，Y将十三岁的她错以为是十五岁并与之发生关系，此时Y不应受到刑罚处罚，因为他错误地认识了事实，既无故意，也无过失。

（1）　打击错误（aberratio ictus）

472 　　打击错误是指结果并未在行为人所欲针对的对象上发生，而是由于错误发生在了其他偏离目标与意图的对象身上。

473 　　X意图射杀Z，因为他不想再有Y或其他任何人与她发生亲密关系。Z当时正在花园中与她父亲谈话，X瞄准了Z，但错误地击中了Z的父亲，致其死亡。

474 　　对这种错误的处理是一个争议问题。有论者认为，当法益等价时，行为人击中的是不是他瞄准的对象，没有任何区别。司法立场认为行为人的构成要件故意通过瞄准具体到了特定对象上,由此否定了针对被击中者的故意,而认定其犯罪未遂以及在特定情况下可能构成对被错误击中者的过失犯罪。所以,X因对Z的杀人未遂和对她的父亲的过失致人死亡应受刑罚处罚。

(2) 身份错误(error in persona)

与打击错误不同,身份错误指对于人或行为客体身份的认识错误。

X夜晚埋伏在花园中意图杀害Z,但由于黑暗中无法看清身材,他错将Z的父亲认为是Z,向其射击,致其受伤死亡。

相对于打击错误,此时他击中的正是瞄准的目标。射击并未偏离,只是认错了目标客体。他的故意针对的是一个特定的人,而他也击中了这个人。身份错误因此属于无需纳入考量的动机错误,X想杀的是面前这个人,也确实达成了击杀该人的目的。他如何认识这个身影的身份,并不重要。

二、违法性

将所有法益侵害无一例外地全面处以刑罚,失之过当,因为有时符合犯罪构成要件的目的只是自我保护。所以可罚性审查中必须积极地认定违法性的存在,也就是行为不存在合法化事由。合法化事由有正当防卫、合法化紧急避险和同意等。

(一) 正当防卫

正当防卫权(刑法典第32条)以*自我保护和法律保护*两大原则为基础。前者服务于被侵犯者对自己法益的保护,后者的意思则是合法权利有权对抗不法。

正当防卫情形,也就是存在现时、违法侵害的情形,是正当防卫的前提之一。只有防卫情形下才能采取防卫行为,但也必须以保护自己的法益为意愿(所谓的*主观合法化要素*)针对侵害者的法益进行。此外,防卫行为必须是必要的,也就是说对于防卫侵害，它必须是适当的、且在同等有效的防卫措施中是最轻的。最后，该行为必须适当，例如不得对抗无责任的（侵害）行为者。

481　在*原始例案*中，不存在防卫情形，因为Y并未先攻击X。
482　*如果X可能继续攻击，Y本可能通过击打倒地的X来进行防卫，但他却掏出随身携带的手枪对X开枪。*
483　此时虽然存在防卫情形，但Y的枪击并不是最轻的手段，因此不是必要的。他本可以用击打来应对。危害生命的枪支使用只能是最后的防卫手段。此外也应注意，逃跑不是防卫手段，因为法无需规避容让不法。

（二）　合法化紧急避险

484　合法化紧急避险（刑法典第34条）基于*利益权衡原则*。合法化的原因在于，对一个法益的维护在利益权衡上权重于避险干预所损害的法益。例如丈夫在送临盆的妻子去医院的路上超速驾驶，母婴健康应优先于交通规则受到维护。
485　紧急状态要求对受保护的法益的现时危险。只有这种情况下才能采取避险行为，避险行为也必须适当、必要。此外，被保护的法益必须权重于被损害的法益，行为人也必须以救护意志采取行动，也就是以避免自己或他人遭受危险（所谓的*主观合法化要素*）为目的。

（三）　同意

486　*Y对X说，"你可以打我，这样你好受些"。X恭敬不如从命地打了他。*
487　尽管该行为构成伤害，但它被同意合法化了。但这只适用于可以支配的法益且同意人有权处分的情况下。同意人必须具备认识与判断能力，并免于意思缺陷。生命是不可支配的法益，所以杀人永远不能被受害人的同意合法化（刑法典第216条）。经伤者同意的身体伤害只有在该行为即便被同意但依然违背公序良俗时才是违法的（刑法典第228条）。

三、责任

（一）无责任能力

无责任即无刑罚是刑法的一大原则（基本法第20条第3款、第28条第1款、第1条第1款、第2条第1款）。行为人是否本能够避免他的应受刑罚处罚的行为，是具有决定性的。换言之，该行为必须是对他个人而言可谴责的。 488

责任以责任能力为前提。行为时未满14周岁者无责任能力（刑法典第19条）。当行为人因精神疾病、意识障碍、智力低下或其他严重的精神反常而没有认识行为不法并遵从此认识行动的能力时，行为无责（刑法典第20条）。14至17岁的青少年仅具有有限责任能力，因为他们的成熟程度与认识能力尚未达到认识自己行为的不法并且遵照该认识行动的程度（青少年法第3条、第1条第2款）。 489

无责任能力经法官认定后得以排除刑罚。此外，当认识能力或控制能力在行为时因生理原因（例如疾病、毒品等）显著受限时（刑法典第21条），法官可以依照刑法典第49条第1款减轻刑罚。 490

（二）免除责任事由

当具备免除责任事由时，即便行为人有责任能力，行为符合构成要件且违法，也依然不对其进行罪责谴责。合法化事由的结果是行为不再受到法秩序的否定，与此不同，免除责任事由下，行为依然具有非法性质，但行为人不因此受到谴责。 491

1. 防卫过当

严重防卫过当是指行为人超过了必要限度。 492

Y被X攻击，由于困惑与恐惧，他并未挥拳还击或采取类似措施，而是向X开枪。 493

这里Y并未选择最轻的，反而选择了超越了防卫行为许可限度的防卫手段。但当行为人在防卫情形下因困惑、恐惧或 494

惊惶而在防卫时超越了必要限度时，可以依照刑法典第33条免除罪责。

2. 免除罪责的紧急避险

495 在关乎存亡的紧急状态下，难以期待符合规范的正确行为。因此出现了刑法典第35条规定的免除责任的紧急避险。

496 X与Y遭受海难，虽有水中浮木能够救命，但它只能浮起一个人。为了不让两个人都淹死，X将Y推下了水。

497 只有存在对行为人、行为人亲属或其他亲近关系者的身体、生命、身体行动自由的现时风险时，才具备紧急状态。行为人必须知晓该风险且他的行为必须是为了规避风险。规避行动也必须是适当且相对最轻的手段。

3. 法外紧急避险

498 当无论行为人如何决断，他的行为都违法且无法免除责任时，构成法外紧急避险，也就是非法定的紧急避险，它可以产生免除责任的效力。它的前提是具有最高意义的法益正遭受现时威胁，而且该行为是最后的且唯一可用的救护手段，并且要求行为是行为人知悉紧急状态且在沉重的内心斗争下做出的。此时也无法使用刑法典第35条，因为危险并未发生在存在行为人、行为人亲属或其他亲近关系者的身体、生命、身体行动自由上。

499 争议的疑难案例如：铁路工作人员将冲往坍塌的桥梁的满载列车导入副轨，但两位站台工作人员正在副轨上工作。他意识到了，若不变轨则车上的乘客都会死，但也知道，因为已经无法示警，所以变轨后站台工作人员将会死。另一个适用情况是击落被恐怖份子劫持的、载满了乘客、即将在大城市坠毁的客机。

（三） 错误

1. 禁止错误

不同于事实错误，在禁止错误（刑法典第17条）中，行为人知其行为的事实要件，但错误地以为该行为是被许可的。

Y与十三岁的Z发生了关系。但他不知道此行径是被刑事禁止的（刑法典第176条第1款）。

当错误可避免时，应按照刑法典第17条第2句减轻罪责。只有在认定禁止错误对于行为人来说不可避免的例外情况下，行为才是无责的，该行为自然不受刑罚处罚（刑法典第17条第1句）。

2. 合法化事由错误

（1） 容许错误

容许错误指行为人错误地认识了合法化事由的法律界限，或误以为具备本不存在的合法化事由。

Y被X击中面部，他以为此时他可以以任何手段自我防卫。

Y虽然知道不得伤害他人，但他误以为在正当防卫中任何自我防卫手段，包括枪击，都是被容许的。实际上只有最轻的手段是可行的。同样，只有当该错误不可避免时，它才能排除刑罚。

（2） 容许要件错误

对受到承认的合法化事由的事实前提的错误认识，称为容认要件错误。

X在回家的路上与Y遭遇，X受到惊吓，误以为Y是要攻击自己，但其实Y只是来向他道歉。X击倒了Y。

本案中X知道他在正当防卫中可以做什么和不可以做什么。但他没有认识到，真实的事实情况并不是防卫情形。如何评价这种错误，是一个非常争议的问题。多数观点认为应当类推刑法典第16条，排除故意责任。

第三节 不作为

一、纯正不作为犯罪

509　　只能通过不作为实现的构成要件属于纯正不作为犯罪（刑法典第323c条之不进行救助，第138条之不举报策划中的犯罪）。

二、不纯正不作为犯罪

510　　按照刑法典第13条，不作为与作为等同视之。有阻止刑法构成要件结果发生的法律义务，但没有阻止其发生，且由此等同于作为地实现了构成要件（刑法典第13条）者，应受刑罚处罚。

511　　不作为犯中，应在客观构成要件范围内区分作为与不作为。积极作为与不作为的界限何在，是一个争议问题。原则上任何意志支配的身体运动都被视为积极行为。此外，谴责的重点在于作为还是不作为，也是关键。

512　　只有当假如实施了法律要求的行为，现实发生了的结果就很可能不会出现，且结果可以客观归属于行为人的时候，不作为才对结果具有原因性（*假设因果*）。结果还必须客观归属于行为人。

513　　刑法典第13条要求行为人在法律上对结果的不发生负责。这指的是行为人处于避免结果发生的保障人地位。保障人地位可以从保护特定亲近者（配偶、子女、危险共同体）不受危害（*保护性保障*）和屏蔽来自特定风险源（危险先行行为、支配风险源）的危险（*监控性保障*）的法律义务。但法律只能在处于危险中的规范受体的物理与现实可能性的基础上对其设定义务。此外，按照*相当原则*，不作为必须"相当于通过作为实现了法定构成要件"(刑法典第13条第1款)。

514　　在主观构成要件上，要求针对客观构成要件的故意以及对保障地位的事实依据的认识。此外行为人的行为必须违法有责。

第四节 过失

515 刑法典第15条规定,只有在法律明文规定时才能对过失行为处刑。过失的关键也在于行为人行为的可谴责性。但如果行为人的个人知识与能力不足以认识与避免行为的构成要件符合性,则不针对他的行为进行刑事谴责。

516 过失分为有认识过失与无认识过失。有认识过失是指行为人预见到了法益损害可能发生,但违背义务、可谴责地相信其不会发生。如果是默认接受结果发生,则构成间接故意(见上文第二章、一、(二)、1)。无认识过失的标志是行为人按照必要的、可期待的审慎本可预见与避免结果发生,但实际并未预见。有认识过失与无认识过失的区分具有量刑意义。重过失与民法典中的重过失概念相应,但以行为人的个人能力为标准。

517 过失犯遵循相同的三阶层犯罪构造:构成要件符合性、违法性与责任。但过失犯的构成要件无主观与客观之分,因为它当中不存在故意。要考量的不是主观构成要件而是其他要素:

518 在过失犯的构成要件中,应在因果关系之外对*客观注意义务违反*进行考察。它指行为人未尽他现实义务范围内的社会交往中必要的审慎。

519 过失犯要求构成要件实现的*客观可预见性*。对于普通人来说(按照其能力)并未严重超出生活经验到无法预料的程度,结果与因果流程就是客观可预见的。

520 最后还要注意重要因果流程与结果发生的*客观归属*。其中需检验义务违背关系,也就是结果是否恰由行为的义务违反性所导致。即使实施了合义务行为,但结果依然会发生,则不可罚。也就是说,结果必须是合法替代行为亦无法规避的。此处以尽管行为审慎但结果依然会发生的严肃可能性为已足。另外,按照保护目的关系,被违反的审慎规范必须以阻止该结果的发生为目的。

521　与过失犯的场合相同，当具备合法化事由时，过失犯的*违法性*亦被排除。

522　责任领域的问题是，行为人的行为是否在主观上也是违背注意义务的。这包含了结果发生的主观预见可能性。缺乏符合规范行为的*期待可能性*也是一个不成文的排除责任事由。

第五节　未遂

一、犯罪未遂

523　以上论述都是从行为完全符合所有构成要件，也就是从犯罪既遂为可罚性前提出发的。但也有行为人故意为特定犯罪，也已经着手实行犯罪，但受种种因素阻碍而未能完成（既遂）的情况。未遂只有在法律明文规定的情况下才受刑罚处罚（刑法典第22条），重罪的未遂始终应受刑罚处罚（刑法典第23条第1款）。

524　行为人必须具备*犯罪决意*（即故意和可能必须的图谋）且其直接转化为了行为。直接实行指行为人主观上越过了发动的门槛，客观上实行了侵害行为，以至于无重大介入行为即会发展至现实符合构成要件或与现实符合构成要件在时间与空间上直接相近（*直接着手实现构成要件*）。行为人行为必须违法、有责且未中止。

525　*X殴打Y后，欲再次重击对方胸腹，但因失足而未击中。*

526　X意图再次对Y进行伤害，因此具备完全的主观构成要件。因未对Y造成损害，所以客观要件仅被部分满足。但打击动作已经做出，若不跌倒，依其正常发展就会实现构成要件，因此具备了直接着手实现构成要件。即便是不成功的犯罪实行，法律秩序亦视其为应受刑罚的越法之举并将对未遂加以处罚。这原则上适用于重罪，在明文规定的情况下才可适用于轻罪。

二、中止

527 刑法典第24条规定未遂犯罪中止不受刑罚处罚。但中止只能发生在已实行的犯罪尚未失败时,也就是在行为人认为结果已经不能发生或只有再次实行才能发生之前。

528 当未遂行为*尚未完成*,中止以自愿放弃行为为已足。未遂行为未完成是指已实行的行为尚未达到行为人认为使结果发生所必要的程度。但如果未遂行为*已经终结*,行为人就必须采取一切措施阻止既遂,从而构成中止。未遂行为完结是指行为人认为已经实行了在他看来足以使构成要件结果发生的所有必要行为。放弃或阻止都必须是自愿的,也就是说发自行为人的自我意志。

529 *X欲严重伤害Y*,他扼住Y的脖子以使其窒息死亡。但当他意识到Y随时可能死亡时,又对Y进行人工呼吸,以阻止死亡结果发生。

第六节 正犯与参与犯

530 刑法典第25条及以下区分了正犯与参与犯这两种参与形式。大致来说,正犯是侵害法益的核心形象,是为犯罪行为者(刑法典第25条第1种)。相反,参与犯则是边缘形象,因为参与依赖于其他行为人的行为。

一、*正犯*

(一)*间接正犯*

531 除了单独正犯(刑法典第25条第1款第1种)以外还存在间接正犯,即通过他人进行犯罪(刑法典第25条第1款第2种)。间接正犯以他人为工具,使其在他控制下采取行为。

532 几周后,X依然无法走出Y与Z的阴影。因此,X交给朋友一瓶毒药并托其转交给Y。朋友以为瓶中是水,将它转交给了Y,Y喝下后中毒死亡。

533　尽管最后的关键行为是由朋友做出，但X基于压倒性认识拥有行为支配，通过朋友进行了该行为。

（二）　共同正犯

534　按照刑法典第25条第2款，共同正犯以共同实施犯罪为前提。多个行为人有意识与意愿地基于共同犯罪图谋而共同进行犯罪。

535　X将Y与Z的事情告诉了一个同学，这位同学也对Z青眼有加，因此同样震怒。二人因此决定让Y付出代价，他们将Y骗出进行长时间殴打直至其死亡。

二、　参与犯

（一）　教唆

536　刑法典第26条的教唆他人是指对通过意志影响唤起主犯的犯罪决意。

537　X告诉一位朋友说他想送Z一个昂贵的提包，但他负担不起这笔开支。朋友建议他可以用棒球棍闯入附近的加油站去弄点钱。X为了取悦Z实施了该行为。

（二）　帮助

538　与影响他人的教唆不同，帮助（刑法典第27条）是对主犯的助益（降低难度、加强、出谋划策）。

539　X对他堂兄说自从Z与Y发生关系后，再也不想听说任何和她有关的事。但同时也不想再让任何人接近她，所以想要射杀她。堂兄告诉他，进入Z家很容易，因为她家门垫下就有一把钥匙。他开车送X去Z家，并在宅前等待X犯罪结束。

第七节　犯罪的法律后果

540　犯罪的后果主要有两种，一种是与行为人责任相适应的刑法（刑法典第46条及以下），另一种是治安与矫正措施（刑法典第61条及以下），它致力于矫正犯罪人并保护公益不受他危害。

*刑罚*分为自由刑与罚金刑以及禁止驾驶作为唯一的从刑。*自由刑*又分有期与无期（刑法典第38、39条）。有期徒刑最低为一个月，最长则可至十五年（刑法典第38条第2款）。非常严重的情况下，例如谋杀（刑法典第211条）、种族屠杀（国际刑法典第6条第1款），可处以无期徒刑。但基于对人格尊严的宪法保障（基本法第1条第1款），无期徒刑不得排除罪犯重新自由生活的具体与现实可能性。因此，对于多数罪犯来说无期的意思并非终生，而是指不确定的时长。 541

*罚金刑*收取一定的日罚金，日罚金数量反映行为的罪责恶性，数额则考虑行为人的个人与经济情况（例如是否要抚养孩子等）。 542

也可以在合比例原则（刑法典第62条）下，处以*治安与矫正措施*（刑法典第61条）：对醉酒犯罪在刑罚之外处以强制戒疗（刑法典第64条）、对缺乏认识能力导致的无责任能力者处以强制精神病院收容（刑法典第63条）、为保护公益，对特别危险的犯罪人处以安全管束拘禁（刑法典第66条及以下）。 543

按照刑法典第46条第1款第1句，刑罚裁量以行为人责任为准则。但应考虑刑罚对罪犯未来社会生活可能产生的作用（刑法典第46条第1款第2句）。刑事裁量还应注意罪犯是否试图弥补受害人的损失（*罪犯受害人调节*，刑法典第46a条）。 544

此外，法庭可以判决缓刑（刑法典第56条及以下），以基于积极的社会预测，使罪犯在未表现出异常时得以保持自由。 545

第二章 分则

刑法典的分则罗列了各个轻罪与重罪及其法定刑幅度（刑法典第80条至第358条）。篇幅所限，无法将各犯罪一一在此详尽展开，仅对部分犯罪进行大致的介绍。 546

第一节 侵犯生命与身体不受侵害性的犯罪

一、杀人罪

547 侵害生命犯罪的基础形态是刑法典第212条的故意杀人罪。按照其构成要件,故意杀人是指杀害他人、但不构成谋杀。

548 只有方式应受特别谴责的杀人才构成*谋杀*(刑法典第211条)。如出于卑下的动机(贪婪、满足性欲等)杀人或杀人行为特别残忍或阴险,又或以掩盖另一犯罪或使另一犯罪得以实现为目的杀人。

549 故意杀人应处五年以上徒刑(刑法典第212条第1款),过失杀人,例如交通事故中,则处五年以下自由刑或罚金(刑法典第222条)。谋杀可处无期徒刑(刑法典第211条)。

二、身体伤害罪

550 (普通)*身体伤害*(刑法典第223条)在德国面临五年以下自由刑或罚金。但如果行为或手段导致较高的危险性,则可处十个月以上、十年以下有期徒刑(*危险伤害罪*,刑法典第224条)。受害人遭受重伤,如失去一只眼睛或身体重要部分时,构成*重伤罪*(刑法典第226条),其法定刑幅度为一年至十年。如果伤害最终造成了死亡结果(刑法典第227条),应处三年以上自由刑(*伤害致人死亡罪*)。

551 过失致他人身体损害,处三年以下有期徒刑或罚金(刑法典第229条)。

第二节 财产犯罪

一、盗窃

552 为使自己获得类物主地位,窃取他人的有体可动物,构成盗窃(刑法典第242条)。对盗窃罪可处以五年以下有期徒刑或罚金。

物指所有有体物（民法典第90条）。法律无另外规定的情况下，对物的规定也相应地适用于动物(民法典第90a条第2句)。可动是指物可被移动。他人的是指该物为他人所有、共有或总有。

刑法典第242条意义上的窃取是指破坏他人持有并建立新的持有，新的持有不必归于行为人自己。

盗窃是故意犯，间接故意即为已足。而且行为人必须以违法据为己有或使据为第三人所有为目的。获得意图由占有与剥夺两部分构成。这在获得违背所有权规则时总是成立的。也就是说盗窃者必须具备像物主一样支配物的意图，如果只是想摧毁该物，则不构成盗窃。获得意图的违法性要求行为人没有到期、可贯彻的移转请求权，亦无占有该物的权利。

除刑法典第242条的普通盗窃外，刑法典还列举规定了盗窃的加重情形（刑法典第243条）。

二、侵占

根据刑法典第246条第1款，违法占据他人的可动物，应受刑罚处罚。与盗窃（刑法典第242条）不同，行为人在侵占中不必破坏他人持有。侵占罪中也必须客观表现出盗窃罪中获得与剥夺意义上的占据意图。任何盗窃与抢劫都构成侵占。但特别法优于一般法，侵占是所有权与财产犯罪的兜底罪。

三、抢劫与抢劫性犯罪

抢劫是指违法使自己或第三人取得他人的可动物的意图下，通过针对他人的暴力或对他人身体与生命的现时威胁劫取物（刑法典第249条）。所以抢劫是盗窃与强制罪（通过暴力或威胁迫使他人为、不为或忍受特定行为，刑法典第240条第1款）之和。当行为人或其他参与人持有武器或其他危险工具（刑法典第250条第1款第1a项），或为了通过暴力或威胁使用暴力的方式阻止或压制他人反抗而持有其他物品或工具（刑法典第250条第1款第1b项），或给他人造成健康严重受损的危险（刑法典第250条第1款第1c项），或作为持续进行盗窃抢劫行为的团伙成员与其他团体成员共同犯罪（刑法典第250条第1款第2项）时，抢劫加重为*重抢劫*。在抢劫中，行为人造成了他人死亡且至少具备严重过失的，构成*抢劫致人死亡*。重过失是指特别严重的过失形式。

559　　*抢劫性盗窃*（刑法典第252条）是指行为人为保持对窃取的物品的占有而对他人使用暴力。

560　　通过暴力或威胁违法迫使他人为、不为或忍受特定行为从而使被胁迫者或第三人财产遭受损害，构成*敲诈*（刑法典第253条第1款）。

561　　以对他人生命与身体的现时危险相威胁或对他人使用暴力，从而进行敲诈，构成*抢劫性敲诈*（刑法典第253条、255条）。抢劫中，行为人自行劫取物品，而抢劫性敲诈是迫使受害人交出物品。按照司法立场，迫使他人忍受被劫取，即可满足刑法典第253与255条。学界则认为必须具备受害人对财产的处分。

562　　为利用受害人或第三人对受害人利益的关切进行敲诈（刑法典第253条）而绑架或侵犯他人，或利用他以此种行为造成的他人处境进行敲诈，构成*敲诈性绑架*（刑法典第239a条）。

四、诈骗

563　　以使自己或第三人违法获得财产利益并由此使他人财产利益受损之意图，通过假造事实或消除、隐瞒事实真相使他人形成或陷于错误，构成*诈骗*（刑法典第263条第1款）。被欺骗者因该错误而进行财产处分，而该财产处分造成了财产损失。至于被欺骗者与遭受损失者是否是同一人，并不重要。财产损失通过对处分前与处分后财产状况的总体对比来判断与计算。

五、 销赃

为使自己或第三人获益（*获益意图*），购买或以其他方式使自己或第三人获得他人盗窃或通过其他针对他人财产的违法行为获得的物品（*取得性销赃*），或脱手、帮助脱手该物品（*脱手性销赃*），构成销赃（刑法典第259条第1款）。销赃是之前的侵犯他人财产犯罪的牵连罪。

564

第三节 对物的价值的犯罪

违法损害或毁灭他人物品，构成*损毁罪*（刑法典第303条第1款）。超出轻微、暂时范畴地改变他人物品的表现形象，以构成此罪（刑法典第303条第2款）。在损毁罪之外，还有刑法典第303a条（*改变数据*）与第303b条（*破坏电脑*）等构成要件，因为数据并非法律意义上的物。

565

放火焚烧或通过放火完全或部分损毁他人物的价值，构成*纵火*（刑法典第306条）。纵火罪属于危害公共安全犯罪（刑法典第306至323c条）。

566

第四节 损害名誉犯罪

*侮辱罪*是指公开表达对被侮辱者或第三人的鄙视或无视（刑法典第185条）。自然人与法人均可被侮辱。实现法律承认的社会与经济功能、并具备统一意思形成能力的人的复数（如警察、士兵），亦可被侮辱。表达必须具有名誉侵犯性。仅仅无礼或不当不足以构成侮辱。如果表达的只是事实而非价值判断，那么在事实确凿真实的情况下不构成侮辱。但事实表达发生时的特定情况与环境，也可能使侮辱成立（刑法典第192条）。

567

*诋毁罪*指对第三人声称或传播诋毁他人或使他人公共声望降低的事实（刑法典第186条）。事实真相的不可考性是本罪的客观刑罚条件。*诽谤罪*指违背正确认知地向第三人声称或

568

传播有据可查为假、诋毁他人或使他人公共声望降低或危害其信用的事实（刑法典第187条）。

第五节 证件犯罪

569　为在法律交往中进行欺骗而制造虚假证件，伪造真实证件或使用虚假或伪造的证件，构成刑法典第267条的*伪造证件罪*。证件是指在法律交往中具有证明效力、确定的、能够指认其签发者的人的思想表示的实体化。当该实体可追溯至其所称之签发者时，证件为真。

570　在法律交往中为欺骗而*伪造技术记录*应按照刑法典第268条予以刑罚处罚。

第六节 陈述犯罪

571　国家司法应当受到保护，以使其免于虚假陈述造成的不必要的时间与费用负荷。它是刑法典第153条及以下的陈述犯罪所侵害的法益。

572　*未誓虚假供述*（刑法典第153条）指在法庭或其他有权采证证人或专家宣誓陈述的机关前进行未誓虚假供述。检察院与警察无权采集宣誓陈述（刑事诉讼法第161a条第1款第3句）。

573　*伪证*是指在法庭与其他有权接受誓言的职务部门前虚假宣誓（刑法典第154条第1款）。除了证人与专家外，民事诉讼中的当事人也可构成伪证罪。

第七节 侵害公共秩序的犯罪

574　侵害公共秩序犯罪包括*房屋侵入*（刑法典第123条）。房屋侵入的构成要件是违背权利人意愿，故意侵入较为特定的空间或在权利人的要求下拒不离开该空间。空间是指住宅、营业场所、其他受保护的不动产或服务于公务或交通的封闭空间。房屋权利人的同意排除侵入的构成要件该当性。

第四部分 诉讼法

第一章 司法保障

在法律争议中,人人皆可诉诸独立的国家法院,再由法院作出具有法律效力即最终约束力的判决,此为法治国家所不可或缺。诉诸法庭的机会享有基本法的宪法性保障(*司法保障*): 575

按照基本法第19条第4款,法律途径对所有权利受到公权力行为(如行政机关行政行为)侵害的人敞开。他可以就该事项诉至法院,控诉对该行政行为负责的公法主体,以期获得有效的法律保护。私人(自然人、私法法人)就民事诉求产生争议时,国家亦须遵从宪法中的普遍法治国原则(基本法第20条第3款)为其设定的义务,保障司法途径通达,提供有效的权利保护。 576

宪法性的司法保障意味着建立国家法院与规制司法程序的必要性。司法系统被划分为*五个法院分支系统(司法系统、法律途径)*(参见基本法第95条第1款):普通法院(包括民事与刑事法院)、行政法院、财政法院、劳动法院和社会法院。 577

法律纠纷具体应诉诸哪种法律途径(法院分支),*也就是说应由哪种法院管辖*,由争议的内容和对象决定。例如民事法院(法院组织法第13条)与行政法院(行政法法律途径:行政法院法第40条第1款)分别就民法纠纷和行政法纠纷做出判决。各法院系统中的最高法院均为联邦法院(参见基本法第95条第1款),其他则由各州建立(见基本法第92条)。 578

联邦宪法法院不在这些法院系统之列。它并非部门法院(非"法律途径"),而是负责专门的宪法纠纷。这些事务原则上由联邦宪法法院法,也例外地由其他法律予以明确与详尽的规定。因此联邦宪法法院居于其他法院之上,在保护基 579

本法的宪法权利的目的范围内对其他法院进行监督。（见上文第一部分、第一编、第二章、第二节、五）

580 　　以下适用于所有法院：法官只服从法律，必须在个人与事实上保持独立（基本法第97条、98条）；他们对法律纠纷的具体管辖权必须由法律和业务分配计划按照普遍和抽象的标准*提前确定*（基本法第101条第1款）。这意味着尤其是行政，不得对法官的司法施加影响。

581 　　各法院系统及宪法法院的诉讼法，即*法院程序法*，各由法律确定。最重要的诉讼原则是，每个人都有在法庭前获得法律听审的权利（基本法第103条第1款）。法庭审理以及之后的判决与决议的公布，原则上都应是公开的（法院组织法第169条）。

第二章　宪法诉讼法

第一节　联邦宪法法院的管辖权

582 　　联邦宪法法院只就专门的宪法性争议问题、在基本法（第93条）、联邦宪法法院法（第13条）及其他法律规定的程序中做出判决。这些争议主要发生在联邦国家机构之间、联邦与州之间、以及公民与国家之间（联邦宪法法院的地位与功能可参见上文见上文第一部分、第一编、第二章、第二节、五）。

583 　　联邦宪法法院法第14条第1款和第2款规定了该院下属的两个审判委员会在各种宪法纠纷程序中的职权。*第一审判委员会主要审理基本权事务，第二审判委员会则就国家机构之间、州与联邦之间的宪法性权利与义务作出判决*。在委员会内部，案件在法官之间遵照年度提前制定的业务分配计划来分配（联邦宪法法院法第15a条第2款，法庭内各Kammer的使用见下文关于宪法凤愿的第三节、四）。

584 　　法庭一般按简单多数做出判决，票数相同视为该案中无法认定违反宪法（联邦宪法法院法第15条第4款）。

第二节 诉讼种类

联邦宪法法院在实践中最重要的审判职权及于: 585

机构争议(基本法第93条第1款第1项、联邦宪法法院法 586
第13条第5项):联邦宪法法院在最高联邦机构的宪法权利义
务之争中,就基本法解释做出判决。

抽象规范审查(基本法第93条第1款第2项、联邦宪法法 587
院法第13条第6项)是应联邦政府、州政府或联邦议院四分之
一成员的申请,审查联邦与州法律的合宪性。

联邦与州争讼(基本法第93条第1款第3项、第4项、联邦 588
宪法法院法第13条第7项、第8项):诉讼以联邦与州之间权力
义务关系的意见之争为对象。

具体规范审查(基本法第93条第1款第5项结合第100条、 589
联邦宪法法院法第13条第11、12、13项):专门法院在具体法
律纠纷中认为某法律违宪时报宪法法院审理其效力。

选举审查诉愿(基本法第93条第1款第5项结合第41条第 590
2款、联邦宪法法院法第13条第3项):在联邦议院组成后(基
本法第41条第1款),宪法法院可应选举人诉愿判定德国联邦
议院选举是否有谬以及是否因此应被宣布无效。

政党禁止(基本法第93条第1款第5项结合第21条第2款、 591
联邦宪法法院法第13条第2款):此时宪法法院审判一个政党
是否以破坏、摧毁自由民主的基本秩序或危害德意志联邦共
和国的存在为导向,因而违宪且应被禁止。

宪法诉愿(基本法第93条第1款第4a项,联邦宪法法院法 592
第13条第8a项):见下文。

第三节 宪法诉愿

宪法诉愿是每个人都(也)可向联邦宪法法院寻求 593
的、用以对抗公权力对他的基本权或基本法第20条第4款、
第33、38、101、103、104条所列权利的侵害的法律救济

594　作为专门的宪法司法救济，宪法诉愿独立于其他由基本法保障的专门法庭的法律保护之外（见上文第一章）。当然，所有专门法院（民事、刑事、行政、财政、劳动与社会法院）也都必须提供对抗基本法侵害的法律途径（基本法第19条第4款结合第1条第3款）。诉至联邦宪法法院的宪法诉愿只是在所主张的基本权侵害无法在专门法院所提供的途径中得到救济或专门法院没有提供对抗特定公权力行为的起诉机会时的最后手段（终极手段）。

595　因此宪法诉愿分为两种：

一、 判决宪法诉愿

596　判决宪法诉愿针对专门法院的终审判决，指控该判决侵犯了诉愿人的一项或多项基本权，或专门法庭在处理纠纷时对他的基本法地位的意义有根本上的误判。因此，认为自己的基本权在具体案件中被国家行为侵害，当事人必须首先向主管的专门法院请求法律保护（直至最后审级），在穷尽其他可能性均告失败后，方可提起宪法诉愿（参见联邦宪法法院法第90条第2款和宪法诉愿的普遍候补性）。

597　宪法诉愿的提交以专门法院（最终）判决送达其一个月内为期。

二、 法规宪法诉愿

598　对抗法律或其他无法律途径解决的主权行为的宪法诉愿自然不要求先行穷尽专门法院的法律途径。这种情况下，可在法律生效或主权行为发布起的一年期限内提起宪法诉愿。

599　但应注意以下特殊前提：

三、 现时与直接的当事性

600　只有当诉愿人自己现时、直接被所诉公权力行为波及时，才能提起宪法诉愿，宪法法院才会就所诉基本权侵害进行审判。

在判决宪法诉愿中，该前提通常是具备的。但在对抗法 601
律的宪法诉愿中，诉愿人必须充分且令人信服地主张：（1）
他本人（而非仅仅是他人的）的基本权自由遭到了法律侵
害，并且（2）该侵害现时发生，既未过去，也非未来，以
及（3）基本权侵害直接因该法律发生，而非因其在个案中
的适用与执行。

四、 受理程序

宪法诉愿并非始终、立刻由（八名法官组成的）审判委 602
员会主管，而是先由该庭下的主管的合议庭审判（根据业务
分配计划，参见联邦宪法法院法第15a条）。合议庭由三名法
官组成。

当宪法诉愿显然不成立时，合议庭可拒绝受理。如果适于 603
保护所主张的基本权且诉愿显然成立，则可以受理并给予肯
定。合议庭必须达成一致做出判决。只有对法律的违宪判决
是审判委员会保留的，详见联邦宪法法院法第93a条及以下。

第三章 行政诉讼法

第一节 行政法院管辖权

行政法院的管辖权和行政诉讼程序在行政法院法这部联 604
邦法律（基本法第74条第1款第1项）中得到规定。行政法院
（行政司法、行政法院分支）据此审判所有非宪法性的公法
纠纷，也就是除联邦法律明确分派给其他法院系统的特定纠
纷外的所有*行政法纠纷*（行政法院法第40条第1款）。这些纠
纷主要是关于公民与公共行政之间或行政内部独立权利人之
间行政行为的合法性。

行政法院系统分为三层：（1）行政法院，（2）高级行政 605
法院（在一些州称为行政司法院），（3）联邦行政法院。这通
常（而非始终！）意味着，法律纠纷会经过三个相继的审级：
在行政法院的第一审（行政法院法第45条）之后是高级行政法

院的第二审上诉审（行政法院法第124条及以下），再之后是联邦行政法院的第三审上诉审（行政法院法第132条及以下）。这也被称为*审级管辖权*或*事务管辖权*。

606　纠纷的第一审受哪个行政法院管辖，则依*地域管辖权*而定。规定见行政法院法第52条。

607　行政法院对法律纠纷的判决通常由三个职业法官和两个荣誉法官组成的合议庭作出（行政法院法第5条第3款），但也常委托单名法官进行判决（行政法院法第6条）。具体的合议庭和法官对案件的管辖（基于基本法第101条第1款）须事先由业务分配计划依抽象标准确定。

第二节 行政诉讼的参与人

608　行政诉讼程序的参与人有原告、被告、参加人及联邦行政法院中的联邦利益代表或使用其参与权（行政法院法第63条）的公益代表（行政法院法第35至37条）。程序尚未生效完结或进入更高审级时，法院可以新增法益受到判决涉及的参加人（行政法院法第65条第1款）。具体情况下法院甚至必须使一位或多位第三人参加（行政法院法第65条第2款）。依据行政法院法第66条，参加人在诉讼中为维护其自身利益与权利，可以独立于原告与被告行动。例如某人起诉建设许可部门，申请撤销其颁发给邻居的建设许可，因为他认为该许可侵害了他的权利。本案中建设人即邻居必须参加，他可以在诉讼中支持建设许可的成立。

第三节 程序

一、诉讼类型与判决

609　为使权利与法律通过行政法院（行政法途径，行政法院法第40条第1款）得到伸张，行政法院法设定了不同的诉讼与申请的种类。他们又对应了不同的判决。最重要的有：

*撤销之诉*旨在申请撤销（负担）行政行为（行政诉讼法第42条第1款）。当按照行政法院法对该诉规定的前提可以起诉时，且因法院认为该行政行为违法、原告权利受到了侵害而成立时，法院可撤销该行政行为（行政法院法第113条第1款），终结其效力（行政程序法第43条第2款）。 610

当行政机会不进行对原告的（授益）行政行为时，可提起*课予义务之诉*（行政法院法第42条第1款）。所诉成立，则法院判决被告行政机关（及其负责人）发布该被诉求的行政行为（行政法院法第113条第5款）。 611

只有原告已在行政机关提起复议程序却徒劳无功时，方可提起撤销与课予义务之诉（行政法院法第68条及以下）。 612

*确认之诉*旨在澄清与确认公民与行政之间现时或未来的法律关系（行政法院法第43条），例如是否作为镇民属于某乡镇。 613

*一般给付之诉*是诉请行政机关不为或解除（包括赔偿）事实行为，或实行事实行为。例如消除行政机关的建设活动造成的不动产损伤，或支付款项。 614

*规范审查申请*针对行政机关发布的规定或其他法律以外的规范（行政法院法第47条）。即便是抽象的法律规定而非它借助行政行为的具体实施，也已经可能直接损害、或可预见将会损害公民的权利，如果（高级）行政法院认定该法规与上位法冲突，即可宣布其无效。 615

二、 诉讼原则

除贯穿所有诉讼的公开（法院组织法第169条）和法律听审（基本法第103条第1款）原则（详见上文第一章）外，对行政诉讼还适用其他一些法定原则（诉讼准则）。 616

按照处分原则，通过取消诉讼、提出申请（行政法院法第90条）、撤回起诉（行政法院法第92条），或参与人（经调解）认为纠纷已解决（行政法院法第161条第2款）等方式， 617

由原告与被告决定尚未作出审判或决定的诉讼的开始和终结。相应的，判决不得超出诉讼请求（行政法院法第88条）。

618 根据*职权探知原则*，法院应依职权自行查明将就其做出法律判决的案件事实（行政法院法第86条第1款）。这不同于法院按照当事人确定的事实进行判决的民事诉讼：行政法院不局限于当事人的呈现（行政法院法第86条第1款第2句）。也因此，法院应对当事人就诉讼中的事实清查提供帮助（行政法院法第86条第3款）。

619 其他诉讼原则还有：*言辞诉讼原则*（行政法院法第101条），以及判决应*直接*出于参与了对案件的审理的法官（行政法院法第112条）。

三、 诉讼环节

620 行政诉讼应起诉或申请的提起而成立（行政法院法第90条、第81、82条）。应注意的是，如无特殊法律规定，通常必须原告在相关机构的复议程序失败后，方可提起撤销或课予义务之诉（行政法院法第68条及以下）。起诉送达被告（行政法院法第85条）及事前准备令送达参与人（行政法院法第86条第3、第4款、第87、87b、第93、第94条）后，法庭召开言辞审理，与参与人在事实与法律上调查纠纷（行政法院法第103条、104条第1款、第2款）。期间为阐明争议事实，可以提交正式证据（行政法院法第96条）。在言辞审理结束后（行政法院法第104条第3款第1句），法庭进行（不公开）合议（行政法院法第108条）并"以人民的名义"发布判决（行政法院法第107、116、117条第1款第1句）。判决应稍后以书面形式撰写（行政法院法第117条）并送达参与人（行政法院法第116条第1款第2句）。

第四节 行政诉讼费用

败诉方承担行政诉讼的费用（行政法院法第154条第1款，第162条）。所诉仅部分成立，费用也相应地依比例分摊（行政法院法第155条第1款）。法庭通过判决或单独的决定来决定费用问题（行政法院法第161条）。 621

第五节 执行

行政法院做出的、具备执行能力的判决，按照行政法院法第167条及以下结合民事诉讼法第704条及以下执行。 622

第四章 民事诉讼法

民事诉讼法包含一切规制法庭民事程序的法律规定。所有私法人，尤其是自然人，均可向法院主张其不被对方履行的民事请求权。若法院确认请求权成立，原告便可获得用以对抗其他当事人的执行状。该法最重要的法律渊源是民事诉讼法和法院组织法。 623

第一节 民事法院管辖权

按照联邦德国的法院机构（五大分支，参见基本法第95条第1款，见上文第一章），私法（民事）法律纠纷归民事法院管辖。与刑事法院一样，民事法院是普通法院的一部分（参见法院组织法第13条）。 624

民事法院原则上分为三级，民事纠纷的审理与判决也相应地依次分为最多三个审级。最高（第三）审级是联邦法院（BGH），它就对抗第二审（上诉审）的法律材料做出判决（法院组织法第133条结合民事诉讼法第542条第1款）。民事第一审级是地方法院（法院组织法第23条）或州法院（法院组织法第71条第1款）。针对地方法院的判决可向州法院上诉（法院组织法第72条第1款结合民事诉讼法第511条），对抗州法院判决的上诉应诉至州高级法院（法院组织法第119条第1款第2 625

项结合民事诉讼法第511条）。这种法院审级分配被称为法院的*事务管辖权*（参见民事诉讼法第1条）。

626　　*地区管辖权*则是指具体哪个地方法院或州法院有对纠纷的审判职权，它也被称为法院地。法院地一般以被告住所为准（民事诉讼法第12、13条）。

第二节　民事诉讼的主要参与人

627　　所有诉讼都有两方当事人：原告诉请法院向被告伸张其权利。双方均需具备当事人能力与诉讼能力（民事诉讼法第50条及以下）。特定情况下，第三方也可以参加法律纠纷（民事诉讼法第64条及以下）。

628　　律师是当事人的法律顾问，基于私法合同致力于委托人的利益。在州法院、州高级法院、联邦法院的诉讼中，当事人必须委托律师代理（民事诉讼法第78条）。

第三节　程序

一、　诉讼原则

629　　民事诉讼也不得成为秘密程序，因此审理必须公开（*公开原则*）。法院组织法第169条规定，庭前辩论和判决（判决、裁定）的发布原则上都必须公开进行。

630　　同时，由于行动未必对公众可知，所以为符合公开原则，审理、取证和判决都必须以言辞形式进行（*言辞原则*）。尽管言辞审理在辩护程序中有书面准备，但按照民事诉讼法第128条第1款，只有审理过程中的言辞表达才能成为判决依据。因此，民事诉讼法第137条第3款规定律师在言辞辩论中必须参照其书面准备材料。

631　　法律纠纷往往在言辞辩论（主要期日）前的全面准备期日即告解决（*集中主义*）。庭长可指定言辞审理的首次期日（民事诉讼法第275条）或发动一个书面前程序（民事诉讼法第276条）。调解和言辞审理应尽早进行（民事诉讼法第272

条)。调解致力于协商解决法律纠纷,按照民事诉讼法第278条第2款,调解以和平解决纠纷为目的,应在言辞辩论之前进行。法院在调解中客观中立地与当事人一起探究纠纷的事实与争议情况,提出问题,听取当事人个人意见。协商往往是通过达成妥协来解决问题,但也可能是被告方认可对方要求,或起诉方放弃要求,撤回起诉。

处分主义是指按照民事诉讼法308条,当事人构成诉讼的主体,决定诉讼的对象。因此法院判决无权超出当事人请求(民事诉讼法第308条第1款第1项)。 632

当事人在民事诉讼须当庭陈述、证明必要事实(*辩论主义*)。直至最后一次言辞审理,当事人均可扩展、变更或补充其事实陈述。判决以当事人呈现的事实为基础(*提出主义*)。当事人无争议事项,法庭应予认可(民事诉讼法第138条第3款)。辩论主义也影响证据的采信,只有与判决相关、且在当事人之间存在争议的事实才需证据证明,无争议事项则认定为真。但法庭应让当事人及时、完整的阐明所有相关事项,尤其是让他们对所主张事项的不完整呈现进行补充、提出证据、提出调查申请等(民事诉讼法第139条第1款第2项)。此外,当事人有义务在他认识范围内真实、完整地陈述(*真实义务*,民事诉讼法第138条第1款)。 633

根据民事诉讼法第138条第2款规定的双方听审原则,法庭必须听取双方当事人意见,不能仅凭一方所陈来判决,而是也必须参考相反方意见。 634

口头辩论必须在主审法庭前进行(*直接原则*)。因此,按照民事诉讼法第309条,判决只能由出席了庭前辩论的法官作出。如果辩论过程中法官发生了变更,则必须在下一次口头辩论中向新法官再次陈明起诉及报告事实,采证情况无需再次报告。 635

636　　口头辩论、证据采集和判决公布应依序连贯进行，从而保障同一性原则，使无论辩论天数多少，在程序上都依然是同一个言辞审理程序。

二、 诉讼环节

637　　民事诉讼自向法院递交起诉书、法院将起诉书送达被告时开始（民事诉讼法第253条、261条第1款）。在口头庭前辩论开始前，应尝试通过达成合意来解决纠纷。法庭应尝试调解，以在不使任何一方当事人称为败诉方的情况下的解决争端（*调解*，民事诉讼法第278条第2款）。

638　　如该方法未能解决法律纠纷，法庭应要求当事人出席或行政机关答复，从而进行*言辞审理的准备*（民事诉讼法第273条）。在接下来的首次期日（民事诉讼法第275条）中，法官可终结程序或对主要期日的准备做出进一步指示。法院也可建议当事人通过第三方调解或其他庭外渠道解决纠纷（民事诉讼法第278a条）。

639　　主期日是言辞审理的中心，当事人在此就事实与法律上的争议展开对抗。在必要情况下，法庭就争议事实采集证据（民事诉讼法第279条第2款）。若当事人未就和解达成一致（民事诉讼法第278条第6款）或宣称事情已告解决（民事诉讼法第91a条）或撤诉（民事诉讼法第269条），则法庭在主期日（或立刻设定一个较晚的期日）做出判决（民事诉讼法第300条、310条）。

640　　判决确定当事人之间的实体法律关系并对第三人产生效力（民事诉讼法第322条）。判决应以口头形式宣布（民事诉讼法第311条）、书面撰写。在判词之外，判决书还应包含重要的判决理由（民事诉讼法第313条）并应送达当事人（民事诉讼法第317条）。在法庭依其认识确定事实与法律关系的判决（民事诉讼法第286条）之外，还有缺席判决、认可判决与放弃判决。在原告或被告不出席口头辩论时，可做出缺席判决（民事诉讼法第330条及以下、第313b条）。认可判决在被告认可原告请求权时（民事诉讼法第307条）、放弃判决在原告放弃其主张的诉求时（民事诉讼法第306条）做出。

当不再有法律手段（上诉）可对抗判决或可以临时强制执行时，民事判决具有可强制执行性（民事诉讼法第704条），这是它最重要的功能。这就是说，当判决中的诉求未被满足时，可以依法依法对判决中的诉求相对人（债务人）强制执行。

三、 *证据*

证人证据是民事诉讼中最重要的证据之一（民事诉讼法第373条至401条）。*证人*是指根据自身经验认知能对事件经过或事实进行说明的人。专家*证人*（民事诉讼法第402条至414条）依据其专业知识，在某一领域对法庭提供帮助。*视听证据*是指法庭可以自己通过目睹或耳闻感知的实物（民事诉讼法第371条至372a条）。*证书*（公证、合同等）也可提交为证据（民事诉讼法第415至444条）。当除了询问一方当事人外无法获取证据时，另一方当事人可以申请对其进行*询问*（民事诉讼法第445条至455条）。

第四节 督促程序

督促程序（民事诉讼法第688条及以下）在德国实践中具有重要实践意义。它服务于金钱给付的简化和快速化。财产支付请求权的债权人得以便宜地不经起诉、亦无需判决地向法院申请对债务人的督促令。法院无需验证申请人是否确实拥有支付请求权即可发布督促令，要求债务人履行。如果债务人在两周内既未履行支付也未提出异议，债权人甚至可以在督促令的基础上向法院申请强制执行令。该令等同于缺席审判，债权人可以以之发动强制执行，强制债务人满足其诉求（民事诉讼法第700条第1款、794条第1款第4项）。督促令适于贯彻合法性无争议的金钱要求。但如果债务人及时对督促令（或强制执行令）提出异议，督促程序就转为判决请求权是否成立的普通程序。

第五节 民事诉讼费用

644　　法律纠纷的费用，在使对方当事人为法律追究与法律辩护的目的投入的必要费用范围内，原则上由败诉方承担（民事诉讼法第91条第1款第1句）。

第六节 强制执行

645　　判决中的被告拒不履行判决对他施加的义务，原告可以提出强制执行，从而通过国家权力手段来伸张权利、满足诉求。强制执行的前提通常是确认请求成立的生效判决（民事诉讼法第704条）。其他可执行文件还有在未达效果的督促令之后发布的执行令（民事诉讼法第794条第1款第4项）。关于强制执行的法律规定见于民事诉讼法第704条及以下。强制执行分为三种：金钱给付的强制执行（民事诉讼法第803条至882a条），实物交付强制执行和使作为或不作为的强制执行（民事诉讼法第883条至898条）。进入强制执行后，在过程中可能就强制执行的合法性产生进一步的法庭纠纷。

646　　对应金钱追索而行的强制执行的规定是最详尽的。根据规定，债权人可以为贯彻支付请求权对债务人全部动产或不动产采取措施，包括债务人对第三人的请求权。但强制执行并非由债权人，而是经债权人申请由法院执行人实施（民事诉讼法第753条及以下）。应财务追索的强制执行例如可以通过扣押动产，即法院执行人占有债务人的财物实现。接下来会对该物进行拍卖，所得款项归原告。

647　　如果应实物交付，则法院执行人可从债务人处收取该物并转交债权人。强制作为或不作为的强制执行经常通过执行罚款来实施。

第五章 刑事诉讼法

如果说民事程序是服务于私益的贯彻的话，刑事诉讼则维护刑事实体法效力这一公共利益。刑事诉讼清查是否及何人构成了犯罪，并确定犯罪人为此应受到何种刑罚。主管刑事诉讼的是刑事法院，它是普通法院的一部分。

刑事诉讼程序首先包括了认知程序。该程序追究已发生的犯罪，开启法庭程序，最终做出罚金刑、自由刑或无罪的判决。判决后便可进入刑罚的执行程序。

该领域的核心法律是刑事诉讼法、法院组织法和刑罚执行法。此外，还有关注青少年人格发展的少年法院法。

第一节 认知程序

一、管辖权

刑事法院的*地方管辖权*依被起诉人住所地（刑事诉讼法第8条第1款）和犯罪地（刑事诉讼法第7条第1款）而定。对于*事务管辖权*（刑事诉讼法第1条）有决定意义的则是刑罚幅度。刑事地方法院只能判处四年以下自由刑（法院组织法第24条）。预期刑罚在两年自由刑一下的轻罪（刑法典第12条第1款），可由刑事法官单人判决（法院组织法第25条）。反之则由陪审法庭判决（法院组织法第28条及以下）。相反，所有不在地方法院管辖范围内的、最低法定刑幅度在一年自由刑以上的重罪（刑法典第12条第1款），都由州法院管辖。此外不同于地方法院，州法院还可判处精神病院收容和治安拘禁（法院组织法第74条第1款）。

州法院的刑事判决由刑庭做出，处理较重的犯罪时由陪审法庭作出（刑事诉讼法第74条第1、第2款）。刑庭管辖对地方法院单人庭或参审法庭判决的上诉（法院组织法第74条第3款）。州高级法院处理特定犯罪，尤其是危害国家稳定安全或宪法原则的犯罪（法院组织法第120条）的一审并做出判决。此外，州高法还管辖对刑庭第二审上诉判决的第三审上诉（刑事诉讼法第121条第1款第1项）。最后，联邦普通法院在刑事上负责处理和判决对州高等法院一审判决的上诉（法院组织法第135条第1款）。

二、刑事诉讼的主要参与人

653　　*嫌疑人*是有初步犯罪嫌疑的人（刑事诉讼法第152条第2款）。当检察院对其展开调查程序时，称之为*被调查人*，检察院或地方检察院提起公诉后，其成为*被起诉人*（刑事诉讼法第157条）。主审法院决定针对其展开主程序时（刑事诉讼法第203条），被起诉人称为*被告*（刑事诉讼法第157条）。

654　　*辩护人*负责对被告提供援助、维护其利益。其背景在于，根据法治国原则，人人皆有无论所犯何罪都应受公正对待的权利。

655　　不同于民事诉讼法，在刑事诉讼法中，*检察院*获知犯罪嫌疑后，有义务查明事实（刑事诉讼法第160条第1款）。当嫌疑被证实后，作为法治国家的代表，检察院必须提起公诉并在法庭上代表国家。但检察院在追究犯罪的过程中并不独行，警察及协助机关都会提供协助并有义务进行调查（刑事诉讼法第163条第1款）。因此，刑事参与人有：被告、被告辩护人和作为起诉方代理人的检察院。

三、程序

（一）刑事诉讼原则

656　　*职权原则*指国家原则上依职权追究犯罪。不同于民事诉讼法，被害人自己是否希望刑事程序，并不重要。

657　　按照*法定原则*，就所有可追诉的犯罪展开调查是检察院的普遍义务（刑事诉讼法第152条第2款）。当事人意愿无足轻重。

658　　国家机构有义务提起公诉。检察院进行刑事追诉，做出判决则是法院的任务。该弹劾主义原则用于保障法律安全。

刑事程序中，法院依职权查明真相。不同于民事诉讼，法院并不一定要相信诉讼参与者，它可以采取自己的证明手段（*调查主义*）。虽然真相的探寻往往对于法院来说身为艰难，甚至往往渺茫，但其义务就在于尽可能的查明事实。按照刑事诉讼法第244条第2款，刑事法院应依职权穷尽对于查明真相、做出判决有益的事实与证据。 659

根据起诉原则(刑事诉讼法第151条)，法庭在起诉后展开调查。期间贯彻*法官自由心证*（刑事诉讼法第261条）。若程序结果无法就被告的责任使法院完全信服，即根据"*存疑有利于被告*"原则（拉丁文*in dubio pro reo*）不得判处有罪。 660

刑事诉讼的其他原则与民事诉讼类同，有*直接原则*（参见刑事诉讼法第226条、第250条）、*公开原则*（参见法院组织法第169条第1句、欧洲人权公约第6条第1款）、*法庭言辞审理原则*、*保障法律听审原则*（基本法第103条）等、*刑事诉讼公平原则*（参见基本法第20条第3款、欧洲人权公约第6条）、*法官法定原则*(基本法第101条)、*加速原则*（参考基本法第20条第3款、欧洲人权公约第6条）等。 661

（二） 诉讼环节

刑事诉讼分为三个环节：调查程序、中间程序和主要程序。 662

1. 调查程序

当收到刑事检举或告诉（刑事诉讼法第158条第1款），或警察发现应受刑罚处罚的行为或犯罪结果时，调查程序或曰前程序开始（刑事诉讼法第151至177条）。 663

公诉由检察院依*法定原则*提起（刑事诉讼法第152条第1款）。法无另外规定的情况下，检察院有义务在事实依据充足的情况下对一切可追诉的犯罪展开行动（刑事诉讼法第152条第2款）。*纯正的亲告罪*是一个例外，这类犯罪要求被害人的告诉。但德国多数亲告罪实际上是亲告罪与非亲告罪的混 664

合，无论是否亲告，检察院都可以涉及特别公共利益为由展开追诉。

665　　调查程序中应收集有利材料与不利材料。也就是说，检察院不仅旨在探究对被调查人不利的情况，也要探究有利的，并对二者一视同仁。对可能灭失的证据，应及时保全，如进行痕迹保全、血液酒精含量测试等。

666　　刑事诉讼法允许采取一些虽然干预了基本权，但因证据保全及揭发犯罪的重要性而不得不采取的强制措施。例如根据刑事诉讼法第105条，原则上可由法官、有延误的危险时可由检察院指令进行住宅搜查，尽管这侵犯了基本法第13条第2款的住宅不可侵犯性之基本权。根据刑事诉讼法第94条，也可保全对于调查具有证据意义的物品，当无法通过自愿交付获取时，则一般通过法官令获得。但在等待法官令其间，保全可能遭受危险，因此为避免过高的证据灭失风险，检察院或检察院调查人员可在面对延误风险时对证据进行保全。

667　　缺乏足够嫌疑时，检察院可以根据刑事诉讼法第170条第2款中止程序。按照刑事诉讼法第153条，在处理情节轻微的轻罪时，即便有足够嫌疑，检察院也可以中止程序。对轻罪（刑法典第12条第2款）的被调查人，可以发布保障刑事追诉之公益的条件或指令，从而免于提起公诉。但这些不应与责任的轻重相违背（刑事诉讼法第153a条第1款）

2. 中间程序

668　　通过调查，检察院确信被调查人具备充足的犯罪嫌疑，即向主管法院递交公诉书。

669　　为了保护被起诉人，法院在中间程序（刑事诉讼法第199至211条）根据调查程序的结果审查是否存在充足的犯罪嫌疑。如果法院也认为被起诉人的嫌疑充分，就会决定开始主要程序，受理起诉。但如果没有犯罪嫌疑或出于法律原因不可追诉，则无法进入主要程序。由此可使被起诉人免受显然会判决无罪的公开主要程序带来的严重不必要的负担。

3. 主要程序

刑事诉讼主要程序（刑事诉讼法第212至295条）分为准备即召集参与人以及庭前言辞审理。后者是程序的重点。 670

主要审理中，首先应讲明案由、确认参与人到场，然后阅读起诉书（刑事诉讼法第243条第3款）。之后就本案询问被告，但被告可以保持沉默。随后进行证据采集（刑事诉讼法第244条第1款），具体可以是通过目睹了犯罪的证人或对特定事实有指向作用的文书。证据收集完毕后，检方进行总结陈词，评估证据，提出无罪或处刑请求。相应的，辩护人也作总结陈词。在法官合议与宣判之前，被告也有机会作最后发言（刑事诉讼法第258条第2款）。在主要审理阶段的最后，应告知被告对抗判决的法律手段。 671

四、证据

证人须陈述其所见所闻所感的事实（*证人证据*，刑事诉讼法第48条及以下）。担任证人是公民义务，所以证人必须出庭，否则可对证人处以罚金或拘留。陈词前，法官必须向证人指出其必须如实陈述。如果所言非真，则证人构成虚假陈述罪或伪证罪，应受刑罚处罚。从事特定职业或与被告有亲属关系的被告可能享有拒绝作证权（刑事诉讼法第52、53、53a条）或沉默权（刑事诉讼法第55条）。对于误工损失和车马费，可以支付证人金。 672

专家证人可受委托于庭前动用他的专业知识对特定案件作出鉴定意见（刑事诉讼法第72条及以下）。此时动用的是他的专业知识和职业经验。 673

*见闻证据*是指所有的感官感知（刑事诉讼法第86条）。影片、照片、录像、录音皆可成为见闻证据。 674

675 　　作为证据的证书与文书（刑事诉讼法第249条及以下）原则上可在主要审理程序中宣读（*证书证据*，刑事诉讼法第252条及以下）。

五、 *刑事诉讼费用*

676 　　被判有罪或受到治安与矫正措施时，被告承担诉讼费用。在主要程序被拒绝、判决被告无罪、程序中止等情况下，包括被告花费（例如辩护人费用）在内的诉讼费用由国家承担。

第二节 刑罚执行

677 　　刑罚执行法规定了执行生效判决的措施，例如索取罚金刑或执行剥夺自由的措施。刑罚执行贯彻于刑罚的开始实施与监控之中。对它的规定见刑事诉讼法第449条至463d条。

一、 *刑罚的目的*

678 　　刑罚的首要目标是通过恫吓组织犯罪，从而保护社会（*一般预防*）。刑罚也应当矫正犯罪，使其再社会化（*特殊预防*）。此外，刑罚还将犯罪与可能导致他犯罪的社会环境隔离。所处的刑罚当然也应考虑受害人利益和对不法的正当*报应*，并且也要给罪犯以*赎罪*的机会。

二、 *治安与矫正措施的目的*

679 　　治安与矫正措施不是刑罚。它通过对行为人的危险性做出反应来保护公众免受进一步的犯罪危害。该措施尤其可用于反复犯罪和累犯。治安与矫正措施（刑法典第61条）包括治安监禁、精神病院收容、戒疗机构收容、行为监督、吊销驾照、禁止从事特定职业等。

三、刑罚执行的目的

自由刑在监狱（司法执行机构）中的执行条件，以及剥夺自由的治安与矫正措施的执行条件由刑罚执行法规定。该法定执行条件的重要目的在于使被监禁者为未来重新承担社会责任、不再犯罪的生活做准备。

680

第五部分 欧盟法

如今，对德国法律的认识不再能脱离欧盟法，因为当前几 681
乎所有欧盟成员国的国内法都受到了欧盟法的影响。所以，
了解欧盟法以及的欧盟的构成也是十分必要的。

第一章 欧洲一体化
第一节 一体化发展的理论
一、 联邦主义

有一种观点主张，达成欧洲联邦制统一的这一愿望是历史 682
哲理的体现，它将过去的经验与对未来的理想联系在一起。
他们认为，历史经验已经表明，政治上全面实现联邦制统一
才是欧洲唯一的、真正的发展方案。因此，联邦主义者将欧
洲联盟的建立视为最重要的项目。该项目的建立并不是目的
本身，而是为了使欧洲人民能一起更好地解决问题。

联邦主义的优点在于，它提出了一个令人信服的、全面的 683
欧洲一体化设想，即使这个设想只有逻辑性而缺乏实际操作
性。联邦主义阐明了实现一体化进程的发展阶段，确定了各
个阶段时期应当采取的相应措施。如果这个统一计划得到了
逐步地实施，必然能促使联邦欧洲的实现。联邦主义将其力
争实现的目标称为联邦性统一，它以最终结果定义发展，从
而具有预示性。然而，由于这种方式欠缺对现实的考虑，以
至于所有为它做出的尝试都以失败告终。

二、 功能主义

1950年5月9日，法国外长罗伯特·舒曼在一次政府宣言中 684
提出，应建立一个至少包含德法在内的，涉及煤钢生产的联
合组织。这是功能主义的第一次出场。功能主义的特征在于
它没有一个总纲计划。它只追求某一部分的成就，因此相应

地，也只引导某一方面的合作。这些合作的目标都各有其限制性，且各国决策机构的权威在总体上不会受到影响，因为他们只是在相关的专业领域内让渡部分主权。而这一进程能否在事实上促成欧洲一体化，则是完全无法确定的。

685　功能主义的观点认为，政治是一门实现可能性的艺术。功能主义的优势是，它只追求具有可能性的进步，追求能促使相互冲突的国家利益部分地达成协调一致的进步。但是，它对一体化进程的下一步建设、一体化的目的、一体化能否推动联邦的形成等问题上，都是不明确、不清楚的。

第二节 一体化的历史

686　今天的欧盟是一个由28个欧洲国家组成的国家联盟：比利时，保加利亚，丹麦，德国，爱沙尼亚，芬兰，法国，希腊，爱尔兰，意大利，克罗地亚，拉脱维亚，立陶宛，卢森堡，马耳他，荷兰，奥地利，波兰，葡萄牙，罗马尼亚，瑞典，斯洛伐克，斯洛文尼亚，西班牙，捷克，匈牙利，大不列颠与北爱尔兰联合王国和塞浦路斯。

687　欧洲的一体化进程始于1951年欧洲煤钢共同体的建立（EKGS）。它的目的是改善德国，法国，意大利，比利时，荷兰以及卢森堡领土内的相互贸易条件。不久后的1957年，六国缔约建立欧洲经济共同体（EWG）作为煤钢共同体的补充。此外，他们还建立了欧洲原子能共同体（EURATOM）。这些组织的目标是，在缔约国之间建立一个统一的内部市场，以简化成员国之间的贸易，提高他们的经济实力。再者，鉴于第二次世界大战的经验教训，紧密的合作有利于保障欧洲的和平未来。

688　内部市场的建立通过以下方式实现：废除以关税为例的贸易壁垒；达成服务、人员和资本的自由流通；对外实行共同的贸易政策。为了实现这些计划，欧共体设立了独立的机构，包括：有专属权力，代表共同体利益的委员会；由各成员国政府的部长代表组成，主要代表各成员国利益的理事会；重视各成员国公民的利益的议会；以及法院。

之后的数年间，越来越多的国家为了从经济合作中获利，纷纷加入欧洲经济共同体。

条约的不断修订进一步拓宽、加深了合作。其中影响最深远的是1992年签订的马斯特里赫特条约，它为欧洲的合作提供了一个新的机构体系。为了明确共同体不应再仅限于经济共同体的形式，还应是政治与社会的联合，欧洲联盟作为一个不具有国际法主体资格的上层组织诞生。它包含有三大支柱：第一支柱由三大共同体、国际法主体组成，即欧洲煤钢共同体、欧洲经济共同体和欧洲原子能共同体；另外两大支柱涉及政治领域，分别是共同外交与安全政策作为第二支柱，以及司法与内务合作作为第三支柱。另外该条约还规定，将在长期的准备工作结束后于1999年引入统一的货币作为转账货币，它将于2002年起以现金的形式进入流通，也就是欧元。

考虑到欧洲一体化进程的不断推进以及增强欧盟行动能力的必要性，2009年生效的里斯本条约再一次优化了欧盟的机构设置。三大支柱最终合而为一成为欧盟。它的法律基础是欧洲联盟条约与欧盟运行条约。这两项条约及欧盟基本权利宪章（欧盟条约第6条第1款）属于同一法律位阶，是欧盟的第一级法律渊源（欧盟条约第1条第3项）。欧洲联盟取代并继承欧洲共同体（欧盟条约第1条第3项），具备独立的法律人格，是国际法主体（欧盟条约第47条）。自此，欧盟不再只是成员国之间缔结的条约，而更是成员国依约建立的产物，它具有独立的权利能力，具有同其他国家处理事务的行为能力。它可以独立地签订条约，处理外交关系，还可以成为国际组织中的一名成员。

从欧盟对内与成员国的关系的角度来看，它不仅建立、保障了一个货物、人员、服务和资本流通自由的内部市场，这其中包括统一的竞争机制，以及（部分）统一的货币（欧盟条约第3条第3款、第4款，欧盟运行条约第26条及以下、第101条及以下、第127条及以下），还在许多其他政治领域（即对内政策）代表成员国，为成员国的谋取利益。欧盟以这样的方式为其公民保证一个自由、安全、人员流动自由没有内部设限的统一的空间，从而也确保了人员流动的自由（欧盟条约第3条第2款，欧盟运行条约第67条及以下）。成员国的每一位公民同时也是欧盟的公民（欧盟条约第9条第2句、第3句），无论他们来自于哪个成员国，都享有同等的各种权利（欧盟运行条约第18条及以下）。但欧盟本身并不是一个国家，所以欧盟公民权并不是国家公民权，只是附加在后者之上。

693 目前，欧盟已发展为受到国际认可的经济与贸易合作伙伴。通过与世界绝大多数国家订立以贸易政策为主的国际条约，欧盟已与国际体系紧密联系在一起。

第三节 宪法基础

694 德国基本法第23条第1款是德国参与欧洲一体化的宪法基础。依此，联邦德国可以将其（国家）主权让渡给欧盟行使（基本法第23条第1款第2句）。成员国以批准通过条约的方式让渡主权，而该批准又需要德国联邦议员或参议院的立法支持（基本法第23条第1款第2句、第59条第2款）。通过这一同意法律，欧盟条约不仅具有国际约束力，适用于各成员国之间，还具有国内约束力，适用于德意志联邦共和国国内。因此，欧盟基于条约制定的法规（第二级法律渊源）也可以在德意志联邦共和国国内直接产生效力（同意法作为"法律适用指令"或欧盟法在国内适用的"桥梁"）。

第二章 欧盟程序法

第一节 权利能力与法律行为能力

除了具有国际法主体资格，欧盟还依据欧盟运行条约第 335 条在各成员国内享有作为一个法人在其成员国所拥有的最广泛的权利能力与行为能力。它尤其可以依法获得和转让动产与不动产，并享有诉权。为行使诉权，欧盟委员会将作为代表参与诉讼（欧盟运行条约第335条）。

695

第二节 权能

一、权能的类型

（一）专属权能

若条约授权欧盟在特定的领域享有专属权能，则只有欧盟才可以在该领域立法和制定具有法律约束力的文件。而成员国则只有在欧盟授权或为实施欧盟法规的情况下才能行使该职权（欧盟运行条约第2条第1款）。欧盟的专属权能涉及比如以下几个领域：关税同盟；内部市场运作所必要的竞争政策的确立；在以欧元为货币的成员国内产生效力的货币政策；共同的商业的政策（欧盟运行条约第3条第1款）。

696

（二）共享权能

若条约授权欧盟在特定的政治领域与成员国共享权能，则欧盟与成员国均可在该领域立法和制定有法律约束力的文件。但是，成员国只能在欧盟决定不行使或不再行使其权能的情形下和范围内行使自己的职权。（欧盟运行条约第2条第2款）。欧盟与成员国共享权能的领域举例来说包括：内部市场；社会政策；经济、社会和地方联合；农业和渔业；环境；消费者保护；跨欧网络；能源（欧盟运行条约第4条第2款）。

697

(三) 共同外交与安全政策权能

698 根据欧盟条约的规定，欧盟负责制定和实施共同外交与安全政策，包括逐步形成共同防务政策（欧盟运行条约第2条第4款）。

(四) 支持、协调或补充成员国行动的权能

699 根据条约的规定，欧盟的权能还包括，在不取代成员国管辖权的情况下，于相关领域采取措施以支持、协调或补充成员国的行动（欧盟运行条约第2条第5款第1项）。但欧盟在该领域采取的措施不能与成员国制定的法规一致（欧盟运行条约第2条第5款第2项）。

二、行使权能的基本原则

700 对于欧盟权能的行使，欧盟的基础条约确立了下列基本原则。

701 根据个别授权原则（欧盟条约第5条第2款），欧盟的立法权范围以成员国在条约中明文授予的权能为限。欧盟无权在条约外给自己增设权力。

702 根据从属性原则（欧盟条约第5条第3款第1项），在非欧盟专属权能领域，当国家或地方的规定能更好地完成期待的目标时，欧盟不得在该领域制定措施。

703 欧盟根据上述原则制定的合法规范不得超过必要的限度。（*相称性原则*，欧盟条约第5条第4款第1项）。

704 另外，欧盟与成员国均承担着*相互间真诚合作的义务*（欧盟条约第4条第3款）。

第三节 欧盟机构

705 欧盟为了履行其职责，设立了不同的机构（欧盟条约第13条）。

一、欧洲理事会

欧洲理事会（欧盟条约第15条，欧盟运行条约第235及以下）由欧盟成员国政府首脑或国家元首及欧洲理事会主席、欧盟委员会主席共同参加。它负责确定欧盟的政治指导方针。欧洲理事会不参与欧盟日常的机构立法（二级立法）事务，然而它作为最高等级机构，促使部分成员国相互间作出重要妥协，为欧盟的发展提供动力。欧盟条约第15条和欧盟运行条约第235条及以下规定了其职责和运作方式。欧洲理事会每半年至少召开两次峰会，紧急情况出现时将举行特别会议。欧洲理事会由欧洲理事会主席负责主持，该职位的增设产生自里斯本条约。

二、欧盟理事会

应与欧洲理事会区分开的，是欧盟理事会（欧盟条约第16条、欧盟运行条约第237至243条）。欧盟理事会是部长理事会。这首先体现在，一般理事会由各成员国外交部长组成。其次，不同专业领域（家庭、就业、环境、发展、经济等）的理事会由各成员国相应的部长组成。成员国政府以参加欧盟理事会的方式，在共同制定欧盟的政治、商业决策时发挥重要作用。理事会也参与立法工作。

原则上，理事会应尽可能地达成共识（一致性），但在实践中，最常见的表决程序为"有效多数制"（欧盟条约第16条第3款）。成员国根据国家大小获得不同比例的票数。自2014年11月1日起，有效多数是指，在至少15个成员国组成的欧盟理事会中有55%以上的理事会成员投赞成票，并且他们所代表的成员国人口占欧盟总人口数的65%（欧盟条约第16条第4款第1项）。"否决少数"须获得至少四位理事会成员反对（欧盟条约第16条第4款第2项）。但针对非委员会提案或欧盟外长提案，自2014年11月1日起不适用欧洲联盟条约第16条第4款，保留过渡性表决机制的规定，"有效多数"须获得72%理事会成员的支持，且他们所代表的成员国人口占欧盟总人口数的65%（欧盟运行条约第238条第2款）。

三、 欧盟委员会

709　　欧盟委员会（欧盟条约第17条、欧盟运行条约第244至250条）主要负责处理欧盟的行政事务。它的行政职能与执行机构（政府和行政部）类似。它早期曾有共28名委员，包括主席在内，每一个成员国各有一位本国委员出席。但2014年11月1日后，委员人数将减少至成员国数的三分之二，并实行轮值制。这将提高委员会的行动能力，加快其决策程序。尽管委员会成员都当然地来自各成员国，但他们代表的并不是各自的国家。相反，他们作为委员会成员，是欧盟利益的代表人和发言人，虽然该利益常常与成员国的利益相违背。各成员国的利益将由欧盟理事会来代表。

710　　另外，委员会的重要作用还体现在立法领域。通常情况下，只有委员会可以提出立法提案，并以此开展二级立法程序（即立法动议权）。

711　　委员会代表欧盟而非成员国的利益，它所具有的广泛的监督职能（*监督作用*）尤其表明了这一点。委员会负责监督成员国，确保他们因一级法律和二级法规所承担的义务得到遵守和履行。必要时，委员会也可采取制裁措施。另外，委员会还负责审查成员国的经济政治措施是否与构建统一内部市场的原则相符（比如在竞争法领域）。

712　　委员会除了在欧盟范围内发挥监督作用，还代表欧盟处理对外关系（涉及共同外交与安全政策的事务除外）以及与候选成员国进行入盟谈判。

713　　为了处理好这些繁冗的行政事务，委员会分设若干的部门，即所谓的"总署"，和若干事务处。总署的职责依据具体政治领域划分。事务处负责一般的行政管理事务或特定领域的工作，比如反诈骗。

四、欧洲议会

欧洲议会（欧盟条约第14条，欧盟运行条约第223至234条）由各成员国公民每五年选举产生的750名议员组成（欧盟条约第14条第2款）。他们作为联盟公民的代表，是欧盟民主元素的体现。欧洲议会按照席位总数的一定比例给各成员国分配议席（至少6位，最多96位）。比例的大小决定于成员国人口数量，但在大小成员国之间给予小成员国优待。

714

在欧共体成立初期，议会并没有发挥实际性的作用。但随着欧盟法和欧洲政治对成员国产生的意义与影响力与日俱增，人们对欧盟活动的民主合法性之诉求也越来越高。因此，议会的权力逐渐扩大，直至2009年，里斯本条约将议会确定为立法程序的固定组成部分。

715

但是，欧洲议会在性质上仍然不等同于一个国家的议会。它没有立法动议权，并且必须与欧盟理事会共享立法权，合作立法。而且，议员选举也并不符合真正的民主选举的要求，因为虽然每个联盟公民都只有一票选举权（"one man one vote"），但是依照议席分配的规则（见上文），小成员国的公民能比大成员国的公民选举更多议员。

716

尽管如此，欧洲议会仍在欧盟中发挥着重要作用，这一点也可以从举例列出的议会职责中看出。欧洲议会不仅参与欧盟的立法，新成员国加入欧盟也必须征得它的同意；国际协定的缔结也应咨询它的意见；它还与理事会共同决定欧盟的财政预算。

717

五、欧洲法院

欧洲法院（欧盟条约第19条、欧盟运行条约第251至281条）是欧盟的司法审判机关，其职责是在条约被解释和适用时确保法律得到遵守。欧洲法院由每成员国1位，共计28位法官组成，任期6年。法院还受到8位法律顾问的协助。法院审理案件很少采用全员出席的受理方式。法院的章程规定，

718

大多数案件应以分庭的方式受理，分庭由少数法官组成。为了减轻法院的负担，一审法院，即*欧盟普通法院*于1989年建立。此外，未来还将设立更多的专门法庭，目前已有欧盟公务员法庭。

719　欧洲法院审查的内容有：欧盟立法机关制定的二级立法的有效性；委员会的活动；成员国对欧盟法的遵守。欧洲法院还为各成员国就欧盟法律规则做出有约束力的解释。因为各个国内机关和法院援引适用欧盟法，所以这种解释方式保障了法律规则在各成员国的一致适用。

六、其他机构

720　欧盟还设有*欧洲审计院*（欧盟运行条约第285至287条）和*欧洲中央银行*（欧盟运行条约第282至284条），负责制定货币联盟的货币政策。

721　*欧盟外交和安全政策高级代表*（欧盟条约第18条）虽然不是欧盟的独立机构，但他负责协调引导欧盟的外交和安全政策。为此，他既是"外交事务理事会"的主持人，又是欧盟委员会的一名副主席，从而协调联盟的外交活动。

722　*经济与社会委员会*（欧盟运行条约第301至304条）和*区域委员会*（欧盟运行条约第305至307条）都属于欧盟的咨询机构。欧盟还设有*欧洲投资银行*（欧盟运行条约第308至309条），它的职责是为内部市场的平稳、顺利发展作贡献。投资银行不以盈利为目的，它利用资本市场或自身的资金来源，通过提供贷款和担保的方式，为各个经济行业的项目投资。

第四节 法律渊源

723　欧盟法分为第一级法律渊源与第二级法律渊源。新加入的成员国必须接受欧盟法体系中所有现有的公共法律法规（法语：*acquis communautaire*）。对于需要转变的欧盟法部分，成员国与加入国应作特别约定。

一、第一级法律渊源

第一级法律渊源包括欧盟基础条约、欧盟基本权利宪章、习惯法以及一般法律原则。它们是欧盟机构制定二级立法的基础。欧盟条约的调整对象是成员国和欧盟机构。但它也常常直接——即不需要任何转化措施——为欧盟公民创设个人权利和义务。人们将这称为欧盟法在成员国内的直接适用。

二、第二级法律渊源

（一）概论

*第二级法律渊源*主要指欧盟机构制定的具有约束力的一般抽象性的和个别具体性法律规范，以及没有约束力的建议和意见（欧盟运行条约288条）。第二级法律渊源以成员国为调整对象，但也有部分规范在成员国内可直接适用于公民和机关部门或者直接对他们产生效力。

（二）法律规范

欧盟法的第二级法律渊源包含两种一般抽象性法规。

欧盟可以制定*条例*（欧盟运行条约第288条第2项）。它在所有成员国国内具有直接适用性，这意味着，条例一旦在欧盟层面生效，立即成为各成员国国内法的一部分并直接约束欧盟公民、机关和法院。

欧盟还可以发布*指令*（欧盟运行条约第288条第3项）。指令原则上只就其要取得的结果对接受指令的成员国具有约束力。为了有效实施指令，须首先将其转化为国内法。对此，成员国享有酌处权。这一类规范对联盟公民、机关和法院没有直接约束力，仅要求成员国制定与指令内容相符的规定。若指令在期限届满后仍未被转化为国内法，且指令的内容是无条件的、充分精确的、可以具体适用于个案的，则指令可以破例直接适用。

729　　依照欧盟运行条约第288条第4项，除了制定上述法规，欧盟还有一类具体的规范：*决定*。它可以针对一个或多个明确的对象（成员国或成员国内的法人、自然人）作出，也可以针对欧盟内所有与之具体相关的权利客体。无论何种情况，决定都可以直接适用。

730　　相比而言，*建议与意见*（欧盟运行条约第288条第5项）不具有法律约束性，但有较大的政治影响力。它们是成员国政治活动的准则和方针。

（三）　立法

731　　欧盟的二级立法是根据第一级法律渊源所规定的立法程序制定的。除个别情况外，立法活动一般以*普通立法程序*（欧盟运行条约第289条第1款，第294条）为标准程序。该程序规定，议会与理事会享有平等的参与决定权。欧盟将议会的大量参与规定到立法程序中，增强了欧盟机构立法的民主合法性。

732　　委员会就某项法律的制定提交立法提案后，议会对法律草案进行评估。在这之后由理事会发表意见，必要时，议会与理事会互相交换意见进行协商。如果双方未能就提案达成统一意见，则召开调节委员会。最后，该"法案"或者获得理事会和议会的共同通过，或者因为无法在期限内获得一致意见而被视为未通过。

733　　对于应当在哪些情况下采用普通立法程序，条约法（欧盟运行条约）做出了规定，划定了欧盟机构根据个别授权原则（见上文第二节、二）可以或应当立法的领域。相应地，条约法也专门明确了应当采用特别立法程序的例外情形。

734　　在*特别立法程序*（欧盟运行条约第289条第2款）中，欧洲议会只需提供咨询意见或对理事会制定法规表示同意。

此外，欧盟内还有部分法规不通过立法程序制定（见欧盟运行条约第288条第3款）。主要涉及的是以法律规范为基础，为了具体化和实施服务的法案，比如委员会颁布的*授权法案*（欧盟运行条约第290条）或*执行法案*（欧盟运行条约第291条）。 735

三、 国际协定

欧盟按照独立的程序（非立法程序，欧盟运行条约第218条）所缔结的协定是欧盟法的组成部分。欧洲法院不断通过判例证明了这一点。它们对欧盟机构有约束力，与欧盟机构制定的二级立法相比具有优先级。因此欧盟缔结的国际协定位处欧盟法的中间等级，低于第一级法律渊源，高于第二级法律渊源。但是在对外关系上，国际协定当然地优先于所有欧盟法。不过，欧盟只能在第一级法律渊源的框架内签订协定。 736

四、 欧盟法的优先性

欧盟法作为可在各成员国直接适用的法律（见上文一、二），其最重要的影响体现在与国内法的关系上。依照欧盟的宗旨，欧盟法应当在各成员国有同等的效力（即"欧盟的实际有效性原则"，法语：*effet utile*）。因此欧盟法的适用不取决于各国内法是否批准其适用或以何种程度适用它。因而得出： 737

倘若国内法在内容上与欧盟的法律规范相冲突，则适用欧盟规范而不是国内法。人们将之称为（可直接适用的）欧盟法的*适用优先*。所有国内机关和法院必须优先适用联盟法，国内法须为之让位。但是，国内法仍然保有其效力，可适用于欧盟法没有对其作出相关规定的具体案例。 738

这里应将适用优先与其他上位法的效力优先进行区分。比如宪法与其他部门法的关系是：违宪的法律是无效的。相反，对于欧盟法规范有相关规定并因此应当适用的案例情 739

183

形，不适用包括宪法在内的国内法。这也意味着，所有国内法应尽可能地以不违背欧盟法的方式进行解释和适用（*合欧盟法的解释*）。

740 　　不过，德国联邦宪法法院的判例表明，欧盟法的优先性也受到国内基本（宪）法的限制，欧盟法不得逾越这些限制：（1）缺乏条约授权作为立法根据的欧盟法规，自己本身违背了欧盟法，不能在德国适用（对越权的保留）；（2）若欧盟法不能保障与基本法在实质和整体上相类似的基本权利保护制度，从而损害了基本法所保护的基本权，则该欧盟法在德国无效，不能适用。（核心基本权保留）；（3）若欧盟法违背了保障德国宪法同一性的宪法制度基本原则，则该欧盟法在德国无效，不能适用（同一性保留，基本法第23条第1款第3句并第79条第3款）。虽然到目前为止这些限制还从未被逾越，但近期欧盟为克服欧洲经济危机采取的一系列影响深远的措施，引发了越来越多的有关于这些措施是否触碰了界限边缘的讨论。

第五节　法律保护

741 　　欧洲法院的职责是确保欧盟法得到遵守（欧盟条约第19条第1款第2句）。许多不同类型的诉讼程序都在其受理范围内。接下来将介绍最重要的几类。

742 　　*违反条约之诉*（欧盟运行条约第258至260条）：若委员会或成员国认为某成员国违反了条约法即第一级法律，他们可以向欧盟法院提起诉讼。如果法院确认此条约违反为事实，则该成员国有义务修改其违反条约的行为，否则将被征收强制罚款（欧盟运行条约第260条）。

743 　　*无效之诉*（欧盟运行条约第263至264条）：成员国、欧盟机构或自然人、法人认为二级法规违反了第一级法律渊源的，可以直接提起无效之诉。但自然人和法人作为诉讼人必须与违法规范有个体的、直接的关联。在相似的构成要件下，他们也可以提起*不作为之诉*（欧盟运行条约第265条）。依据欧盟运行条约第256条，一般由欧盟普通法院进行一审裁判，欧洲法院进行二审判决。

初步裁决之诉（欧盟运行条约第267条）：欧洲法院还负责审理初步裁决之诉。关于欧盟普通法院是否对此有受理权，法律目前还未作规定（见欧盟运行条约第256条第3款第1项）。初步裁决之诉是指，当某一欧盟法律的有效性或解释方式对国内具体案件有决定性影响时，成员国法院可将该问题提交欧洲法院申请初步裁决。欧洲法院通过这一方式行使其解释欧盟法的专属职权，以确保欧盟法在各成员国的统一适用。对于欧盟机构立法的有效性，只有欧洲法院才有权裁决。法院的决定对国内法院具有约束力，也为其他成员国未来可能出现的类似案件提供了指导意见。在实践中，初步裁决是最常用也是最重要的程序，因为欧盟法在裁决过程中不断地演变，获得进一步发展，从而也加强了它在成员国中的影响力。

第三章 欧盟实体法

第一节 欧盟的价值

欧盟建构在尊重人性尊严、自由、民主、平等、法治、保障人权包括少数民族权利的价值之上。这些价值是所有成员国在一个多元化、反歧视、宽容、公正、团结和两性平等的社会中所共有的（欧盟条约第2条）。

第二节 反歧视与欧盟公民权

在欧盟法的适用范围内且不违反特殊规定的前提下，任何因国籍而产生的对联盟公民的*歧视*（不平等对待）都是禁止的。（欧盟运行条约第18条第1项）。欧盟可以采取措施打击基于性别、种族、民族、宗教、世界观、残障、年龄或性取向的歧视（欧盟运行条约第19条第1款）。

747　欧盟条约设立了以成员国国籍为基础的*欧盟公民身份*（欧盟条约第9条第2句，第20条第1款第2句）。它不同于国家公民身份，因为欧盟并非国家，不能在个人与欧盟之间创设类似的权利义务关系，但欧盟公民身份意味着欧盟内每个成员国公民都可依条约获得一系列特别权利（欧盟运行条约第20条）。

748　欧盟运行条约第21条赋予欧盟公民在成员国主权领域内自由迁徙、居留的广泛的权利。该通行自由独立于经济目的，但是，它也是实现劳动力迁徙自由、营业设立自由（欧盟运行条约第45条及以下，第49条及以下）以及提供服务自由（欧盟运行条约第56条及以下）的基础。此外，根据欧盟运行条约第22条第1款，欧盟公民在其居住地的地方选举中享有选举权与被选举权。为此，欧盟公民也有权加入参与地方选举的政党。而根据欧盟运行条约第22条第2款，在其他成员国而非所属国居住的欧盟公民同样享有欧洲议会的选举权和被选举权。最后，根据欧盟运行条约第23条，当欧盟公民处于第三国主权领土内而所属国在该国无外交机构时，可享受其他欧盟成员国的外交与领事保护，享有保护的条件与该国对自己国民的保护条件相同。但是，欧洲联盟自身并不提供这种保障。

第三节　基本自由

一、*目的*

749　建立一个统一的*内部市场*是欧盟的主要目标（欧盟条约第3条第3款第1项）。根据欧盟运行条约第26条第2款，这种市场是指，该领域内的商品、人员、服务与资本的自由流通受到保障，无内部边界。为此，欧盟条约确定了所有成员国均应尊重的四大基本自由。所有限制这些自由的国家规定，一律违反欧盟法。但该规则并不适用于第三国。若有欧盟成员国侵害了基本自由，可由其他成员国或委员会向欧洲法院提起条约违反之诉（欧盟运行条约第258至260条）。被告国最多可援引少量的合法化事由为自己辩护。

二、功能

（一）跨境事务

所有的基本自由事实上均与跨境事务相关联。有关基本自由的规定只适用于在空间上处于欧盟领域范围内的法律关系，而不适用于成员国国内的内部措施。 750

（二）禁止歧视和限制

基本自由首先以国民待遇原则或者说歧视禁止为标志，这里指的不仅仅是形式平等，也是实质平等。向国民保留特定服务、对外国人施加更严格的管制，这些都是不被允许的。 751

1. 公开歧视

公开歧视，是指成员国为本国国民保留特定的权利，或使本国国民的待遇明确优于其他欧盟外国人。不应因国籍不同而对本国公民与其他成员国公民进行公然的不平等对待。 752

2. 隐性歧视

隐性歧视是指这样一类规范：它虽然在形式上不将调整对象区分为本国人与外国人，但考虑到事实情况，可以预见会对来自其他成员国的外地人产生不利后果。 753

隐性歧视常常存在于以住所为标准加以区分对待的措施中。由于本地居民多为本国人，所以本地人优先的规定首当其冲地对其他成员国公民不利。认定一个措施构成歧视，并不要求其有利于所有本国人，或仅仅不利于其他成员国公民。 754

3. 限制禁止

欧洲法院最初将基本自由表述为、或至少理解为禁止歧视，后又将其发展成为一般的限制禁止。直接从欧盟运行条约引申出的歧视禁止在于禁止对外国人（相对于本国人）的不利 755

待遇，而限制禁止则要求适用时不区分本国人与外国人的规范还必须符合欧盟法。这一扩张首先产生于商品贸易自由与服务自由中，其后也用于迁徙自由和营业设立自由。欧洲法院将歧视禁止扩张为限制禁止，是基于这样的认识：即使是无区别对待、不区分本国人与外国人的措施，依然可能显著地阻碍受基本自由保障的商品、人员之流通自由。因此，"最终效果"原则要求对规范的解释不止于简单的歧视禁止。

三、 商品自由流通

756 欧盟包含了一个关税同盟（欧盟运行条约第28条）。这意味着，任何对欧盟内部的商品流通征收进出口关税或其他类似效果的支付都是不允许的（欧盟运行条约第30条）。对第三国则采用共同的关税税则。共同税则的税率——正如关税与贸易总协定或其他贸易协定所确立的——依条约而定。但欧盟对于优先贸易伙伴将单独降低税率，这尤其适用于AKP国家（非洲、加勒比、太平洋），以及欧洲协定下的中东欧"伙伴国家"。

757 除了废除内部关税，非关税性质的贸易壁垒在欧盟内也是被禁止的。成员国之间的进出口数量限制以及所有"具有相同效果的措施"，均在被禁之列（欧盟运行条约第34条，第35条），并由此禁止一切旨在保护成员国本国经济、阻碍商品进出口的措施。

758 根据欧洲法院的*Dassonville*模式，与数量限制具有相同效果的措施是指所有可能直接或间接、事实或潜在地阻碍欧盟内部贸易的成员国贸易规定，其中不仅包括法律限制，也包括其他限制欧盟内部贸易的国家措施，例如提振本国商品销售的宣传运动。Dassonville模式同等适用于国内和国外商品。欧盟运行条约第34条还规定了成员国打击私人阻碍商品跨境流通的义务。由于Dassonville模式的宽泛性，欧洲法院也规定了欧盟运作条约第34条适用中的例外：该条不适用于非歧视性、且依其目的本不应影响跨境商品流通的销售限制。它被称为*Keck*模式，基于此模式，欧盟将比如有关各国商店关门时间的规定排除在欧盟运行条约第34条的适用范围外。

这些在欧盟运行条约第34条意义上的禁止贸易限制的例外可依据欧盟运作条约第36条合法化。欧盟法院在*Cassis de Dijon*判决中，发展了内在限制规则，使成员国得以在欧盟运行条约第36条的例外合法化规定之外，制定不歧视的、对于保护欧盟法所承认的共同利益所必须的贸易限制。若有贸易限制在欧盟内被例外地许可了，也仍须对其进行严格的合比例性审查。且这些限制不得被用于恣意歧视或被作为隐性贸易限制滥用（欧盟运行条约第36条）。如果某限制所保护的利益已经得到了欧盟协调标准的保护，则无法援引欧盟运行条约第36条使该针对其他成员国的贸易限制合法化。问题在于，内在限制与公共利益相关联，而公共利益又已经可以根据欧盟运行条约第36条成为合法化事由。与欧盟运行条约第36条所称的合法化事不同，以内在限制为依据而可能的（或必要的）限制不是形式歧视性的，而是无区分地适用于本国与外国商品。因此，欧盟法院又将*Cassis de Dijon*模式的适用扩张至虽未区别对待，但构成事实歧视的措施，例如同等适用于本国与外国商品，但外国商品相对更难达到的国家产品标准。

四、人员自由迁徙

人员自由迁徙是指欧盟公民在所有欧盟国家中不受限制的自由往来，它包含了欧盟公民在其他成员国生活与工作的权利。劳工自由迁徙与营业设立自由是人员自由迁徙的具体化。

（一）劳工自由迁徙

劳工自由迁徙权（欧盟运行条约第45至48条）允许欧盟公民在他选择的欧盟国家非独立性地就业。对他适用的条件应于该国国民相同，因为只有欧盟公民在就业录用、工作劳动、薪酬以及其他工作条件上均不因国籍遭受不利，才可能有真正的自由迁徙。劳工迁徙自由的例外情形是成员国为行使主权职责而进行的公共事物管理（欧盟运行条约第45条第4款）。

762 　　只有基于公共安全、秩序与健康原因，才可对这种平等待遇进行干预（欧盟运行条约第45条第3款）。

（二）营业设立自由

763 　　营业设立自由（欧盟运作条约第49至55条）是关于独立营业的自由。所有欧盟公民均有权在其他成员国进行独立营业或领导企业。他也可以成立企业或建立按照其他成员国法律成立的公司的分支机构。例如一个丹麦人可以在丹麦成立英国私人有限公司（英国的公司形式）的分部，而无论丹麦法律是否规定了该公司形式或是否对其设立了更严格的创立条件。

764 　　成员国对此的限制同样只有在基于公共安全、秩序与健康等原因时才是合法的（欧盟运行条约第52条第1款）。

五、服务自由

765 　　基于服务自由（欧盟运行条约第56至62条），欧盟内营业性与商事性劳务、手工业以及自由职业劳务的提供者亦可通行于欧盟国家。不过与在其他国家固定营业的营业设立自由相比，服务流通自由针对的只是跨境提供有偿服务。

766 　　提供服务自由的要件是*提供服务者前往其他成员国*，接受服务自由则指*接受服务者前往其他成员国*。如果并无人员从成员国前往另一成员国，只是*服务本身跨越了国界*，则涉及到服务贸易自由。总之，跨境是唯一决定性的要件，它指向各国市场对来自欧盟区的服务的开放。

767 　　对营业设立自由（欧盟运行条约第52条）的限制同样适用于服务自由（欧盟运行条约第62条）。

六、资本流通自由与支付往来自由

768 资本与支付流通自由（欧盟运行条约第63至66条）是指以投资为目的的金钱、有价证券、物资资本在欧盟国家间的流转不受限制。

769 支付是对商品与服务的对价，因此从实践原因上讲也当然同样享有自由（*支付往来自由*）。

770 资本流通作为纯粹的金融流转，经常与企业合并（营业设立自由）或银行服务联系在一起。它的特点在于，第三国也应享有资本流通自由（欧盟运行条约第63条）。

771 欧盟运行条约第63条不触及成员国的下述权利：适用其税法的相关规定；针对不同住所、投资地的纳税义务人作出不同处理；对于违背国内法律与行政规定（尤其是税法与金融机构监管领域）的行为采取必要措施予以制止；为管理与统计信息的目的规定资金流通登记程序或为公共秩序与安全采取正当措施（欧盟运行条约第65条第1款）。但这些措施与程序不得用于恣意歧视或对欧盟运行条约第63条所称的资本与支付流通自由施加隐性歧视。

772 对资本流通的实际限制只有在针对第三国或下列情况下才被允许：第一，对于严重扰乱经济与货币联盟运作的资本流动，可以采取限时保护措施（欧盟运行条约第66条），第二，可以在打击恐怖主义的经济制裁范围内中断资本流通（欧盟运行条约第75条）。

七、限制的其他合法化事由

773 根据欧盟法院的判决，对条约确保的基础自由施加限制的国家措施，必须始终、完全满足以下两个提前：*适用方式不得歧视、且具有基于不可违抗的公共利益原因的合法性*。

774 这两个前提是对基本自由的可限制性的限制（限制之限制）。这里主要应考虑欧盟基本权与第一级法律规定，以及第二级欧盟法尤其是合比例性原则。据此，国家规定必须确实适于其所追求的目的之实现，且不超过实现公共利益所需的必要限度。最后，应当处理好方法与目的之间的相互关系。

第四节 法律整合

775　　欧盟运行条约第114条及以下是法律整合的授权规范。对于成员国直接影响到内部市场之建立与运作的法律与行政规定，欧盟运行条约第115条授权发布指导法律整合的政策方针。法律整合既可以止于制定欧盟法律的最低标准，也可上升到某个法律部门的彻底统一化。但它并未授权抽象援引基本自由来消除各国法律秩序的一切差异。

776　　欧盟法律整合的实施中涉及的最重要的法律部门为公司法、劳动法、银行与证券交易法、电信事物、工商业法律保护及公共采购。

777　　在整合措施发布后，如果某成员国认为本国规定满足了欧盟运行条约第36条意义上的重要要求，或基于保护劳动环境和自然环境因而具有合法性，有必要予以保留，则该国必须就此规定和保留的原因知会委员会（欧盟运行条约第114条第4款）。委员会须在这之后六个月内同意或拒绝相关的国家规定。它应当审查该规定是否构成恣意歧视的手段或成员国之间隐性贸易限制，以及是否阻碍内部市场的运作。

第五节 基本权

778　　欧盟的法律规范有独立的基本权保障，规定于欧洲联盟基本权利宪章之中，该宪章与条约在法律上位于同一位阶。

779　　欧盟基本权不仅作为客观权利使欧盟及其机构承担义务，还使所有欧盟居民有权将欧盟基本权作为主观防御权主张，从而对抗欧盟机构的措施。此外，在欧盟法转化或以其他方式适用后，欧盟基本权还可以对抗成员国的国内措施。

780　　根据欧盟条约第6条第2款，欧盟将加入欧洲保护人权与基本自由公约（EMRK）。该公约所保障的、来自各成员国共同宪法传统的基本权,作为普遍原则构成欧盟法的一部分(欧盟条约第6条第3款)。

第六节 政策

以下举例论述一些其他内部政策与措施。 781

一、农业

内部市场包含农业(欧盟运行条约第38至44条)、渔业及 782 农产品贸易领域。农产品指种植业、畜牧业及渔业产品,即原始产品以及与原始产品直接相关的初级加工产品(欧盟运行条约第38条第1款第2项)。举例来说,欧盟农业政策帮助农业经营者为欧洲生产足够分量的农产品。它保障农产品的质量,保护农场主不受大幅价格波动的影响。欧盟农业政策还保障农产品行业的就业岗位充足,也致力于保护环境、保护动物。原则上,基本自由也适用于农产品市场。

针对多数农产品还有有所谓的*市场管理条例*。相对于欧盟 783 的市场经济,共同市场调控显示出了计划经济的特征。其物价体系力图协调欧盟内部物价、保障农民收入。指导价格是指,产品在大规模贸易层面上的市场化中的目标价格。当市场价格偏离指导价格(也称为担保价格,早期:干预价格)时,各国建立的干预机构便以干预价格收购农产品。收购通常是义务性的。为了保证最基本的市场自由价格形成,收购价应低于指导价。

二、竞争规范

(一)概论

为保护内部市场的竞争免遭扭曲而建立的体系,首先针 784 对的是私有企业的协议或行为方式。但根据欧盟运行条约第106条第1款,公共企业以及成员国保障其特殊或独占权利的企业,亦受欧盟运作条约的竞争规范的约束。

（二） 反垄断与滥用禁止

1. 反垄断

785　　欧盟运行条约第101条禁止一切限制竞争的行为：对于损害成员国间贸易及企图阻碍、限制、歪曲内部市场竞争的企业间协议、企业联合的决议及企业协同行为，一律禁止。该条规定只直接适用于企业行为，不针对成员国的主权措施。对此，竞争者们的行动一致往往是协同行为的标志证据。不过，欧盟运作条约第101条中规定的反垄断只针对明显损害了国家间相互贸易的行为模式。被禁止的不只是同一市场中竞争企业间的横向竞争限制，还包括来自不同经济层次，在竞争中并不相互对立的伙伴间以合同关系的形式进行的纵向竞争限制，例如生产者们之间的限制竞争协议。若阻碍竞争的协议属于欧盟运作条约第101条第1款所规定的禁止，则该协议依据欧盟运作条约第101条第2款归于无效。

786　　根据欧盟运作条约第101条第3款，当企业间的个别或系列协议，企业联合的决议、相互间的协同行为有利于商品的生产与分配或能促进技术与经济进步时，委员会可以例外地对这些措施解除禁令。与之相区别的是，委员会还可以基于理事会授权，发布条例，正式地单独解禁某具体协议或集体解禁。

2. 滥用禁止

787　　欧盟运行条约第102条还禁止滥用市场支配地位的行为。它所禁止的是：一个或多个企业滥用在内部市场或该市场重要部分中的支配地位，从而损害成员国之间的贸易。在相应市场的支配地位以企业结构（包括供应体系）、市场份额和市场准入条件为标准。

3. 合并控制

788　　除了反垄断和滥用禁止，合并控制也是保障欧洲市场内有效竞争和竞争自由的重要手段。但是，与规定在欧盟第一级法律渊源中的反垄断与滥用禁止相比，欧盟反垄断法只在二级立法中对企业的合并做出了规定，这些合并控制的规定见于第139/2004号条例。合并控制是一种在损害竞争发生前就加以制止的预防性控制，相反，欧盟运行条约第102条所针对的市场权力滥用则是已经导致了竞争被削弱的行为。

4. 国家扶助

歪曲竞争的国家扶助是指企业缺乏相应付出地从国家自愿给付中获益并因此扭曲内部市场中的竞争，这是被欧盟运行条约第107条第1款原则上禁止的。根据该条第2款和第3款，国家只能在有利于公共利益的特定情形下进行扶助。欧盟运作条约第108条则规定了对此类国家扶助的监管。根据该规定，国家机关在进行扶助前，应依据欧盟运行条约第108条第2款第3项实行报备程序，履行其在委员会处完成预审程序的义务（告知）。

（三）贸易政策

欧盟的共同贸易政策是基于统一的原则制定的，尤其是与下列事项相关的政策：对第三国的关税税率的变动、缔结与商品、服务相关的国际关贸协定（尤其是在WTO的框架下）、与贸易相关的知识产权、涉外直接投资、开放措施统一化、出口政策及贸易政策保护措施等。（欧盟运行条约第207条第1款第1句）。

（四）环境政策

根据欧盟运行条约第191条第1款，欧盟环境政策致力于维持与保护环境、改善环境质量、维护人体健康、审慎合理利用自然资源、以及在国际层面上提振解决地区与全球之环境问题的措施。根据欧盟运行条约第191条第2款第1项第1句，欧盟环境政策以高标准的环境保护为导向。

792　按照欧盟运行条约第191条第2款第1项第2句，欧盟环境政策有三大基础指导原则，即预护与预防原则，源头原则和肇事责任原则。*预护与预防原则*是指通过降低风险和长期资源保护来阻止环境污染。*源头原则*指优先以环境污染的根源为环保斗争的对象。*肇事责任原则*则要求肇事方清除或减轻环境破坏，并对环境损害负责。欧盟运行条约第192条是环保措施的授权条款。

793　欧盟运行条约并未制定单独的欧盟环境法，而是在二级立法的过程中确立了一些成员国应注意的标准。根据欧盟运行条约第11条的*横跨性条款*，欧盟在制定与实施可持续发展政策措施时，必须考虑这些环保标准。由此，环境法的原则也就扩散到了其他欧盟法政策领域之中。

第四章　自由、安全与正义的领域

第一节　总论

794　欧盟尊重基本权，尊重各成员国不同的法律秩序与传统，构建自由、安全与正义的领域（欧盟运行条约第67条第1款）。

第二节　边境控制与避难

795　欧盟确保人员在内部边界流通不受限制（欧盟运行条约第77条第1a款，即所谓的申根区域，见下文第六章）并在避难（欧盟运行条约第78条）、外来移民（欧盟运行条约第79条）及欧盟外部边界控制等问题上发展共同政策。这些政策建立在成员国间的团结（欧盟运行条约第80条）基础之上，适当适用于第三国公民（欧盟运行条约第67条第2款）。无国籍人等同于第三国国籍者（欧盟运行条约第67条第2款第2句）。

796　避难、辅助性保护、临时保护等领域的共同政策应保证亟需国际援助的第三国国籍者获得适当待遇，并确保不遣返原则得到遵守。该政策必须与1951年7月28日签订的日内瓦协议、1967年1月31日关于难民法律地位的记录以及其他相关条约相适应（欧盟运行条约第78条第1款）。

第三节 司法与内务合作

以相互承认对方的司法判决及法庭外裁决为基础，欧盟发展出了跨境民事领域的司法合作（欧盟运行条约第81条第1款第1句）。刑事司法合作则基于相互承认司法判决原则并包含了特定领域的成员国法律协同（欧盟运行条约第82条第1款第1项）。涉及特别严重的跨境犯罪及其刑罚的基本规定的制定可以通过指令完成（欧盟运行条约第83条第1款第1项）。

此外，欧盟还在警察、关税和其他防止、揭发、调查犯罪的刑事追诉机关等成员国所有相关机关中发展内务合作（欧盟运行条约第87条第1款）。在成员国警察与其他刑事追诉机关预防与打击恐怖主义、犯罪形式及涉及两个以上成员国的犯罪的活动中，欧洲刑警组织受委托予以帮助与支援（欧盟运行条约第88条第1款）。

第五章 对外行为

第一节 总论

欧盟以它在诞生、发展和扩张过程中至关重要的，并意图在世界范围内推广其适用的原则来指导自己在国际层面的政治活动，它们包括民主、法治国家、人权与基本自由的普适性与不受侵犯性、对人之尊严的尊重、平等原则、团结原则以及遵守联合国与国际法之原则（欧盟条约第21条）。

在联合国，欧盟致力于为共同问题寻找多边解决方案（欧盟条约第21条第1款第2项第2句）。

第二节 共同外交与安全政策

欧盟在共同外交与安全政策（GASP）中的管辖权限及于外交政策的所有领域以及涉及欧盟安全的所有问题，包括共同防御政策的逐步确立，这一政策可能促成欧洲的共同防御（欧盟条约第24条第1款第1项）。

802　共同外交与安全政策须遵循特别的规定与程序。颁布立法的行为是被排除的。政策的实施由外交与安全政策联盟高级代表以及各成员国依条约进行（欧盟条约第24条第1款第2项）。

803　欧盟通过制定共同的指导方针、公布决议（欧盟运行条约第31条）的方式来谋求共同外交与安全政策，确定欧盟实施的行为，代表的观点（欧盟条约第29条），以及为实施决议服务的相关细节（欧盟条约第25条）。

第三节　共同安全与防卫政策

804　共同安全与防卫政策是共同外交与安全政策的重要部分（欧盟条约第42条第1款第1句）。它保障欧盟具有以民间和军事手段为支持的运行能力。通过它，欧盟可以合乎联合国宪章原则地在欧盟外维和、防止冲突、增强国际安全。欧盟履行其职责的能力来自于各成员国提供的帮助（欧盟条约第42条第1款第2至4句）。

805　共同安全与防卫政策也包含了欧盟共同防卫政策的逐步确立（欧盟条约第42条第2款第1项第1句）。

第六章　取消人员控制

806　在1985年6月14日签订的*申根协定*中，最早由五个欧洲国家约定放弃对共同边界上人员流通的控制。为了践行这一政治约定，各国又于1990年6月19日再次在申根签署了执行1985年申根协定的协定或曰"第二申根协定"。1997年欧盟签订了阿姆斯特丹条约，使"申根既有规范"成为了欧盟法的一部分。如今，申根条约适用于英国和爱尔兰之外的所有欧盟国家。

807　人员控制在申根条约的领域内——直至国界线外的抽查——被完全地取消。欧盟在与第三国的外部边界上，控制来自第三国的人员的进入。为此，欧盟成立了电子搜索联盟，对来自第三国的外国人确立了一致的入境前提。在入境时没有申根签证的、有其他违法入境企图的或者对申根国的公共安全有危害的，将在申根外部边界处被拒绝入境。机场内为来自申根国或其他国的航班分别地设有办事处。第三国成员持有成员国发放的申根签证的，享有在所有申根国内短暂停留的旅行自由权。持有一个申根国发放的居留签证的，也可在其他申根国享有旅行自由权。欧洲自由贸易协会（简称EFTA）的四个成员国瑞士、列支敦士登、挪威和冰岛也是申根成员国，但却并不属于欧盟。

参考文献

Adolphsen, Jens: Zivilprozessrecht, 4. Auflage, Baden-Baden 2014.

Arndt, Hans-Wolfgang/Fischer, Kristian/Fetzer, Thomas: Europarecht, 11. Auflage, Heidelberg, München, Landsberg, Frechen, Hamburg 2015.

Beulke, Werner: Strafprozessrecht, 12. Auflage, Heidelberg, München, Landsberg, Frechen, Hamburg 2012.

Brenner, Michael: Öffentliches Baurecht, 4. Auflage, Heidelberg, München, Landsberg, Frechen, Hamburg 2014.

Brox, Hans/Walker, Wolf-Dietrich: Allgemeiner Teil des BGB, 39. Auflage, München 2015.

Brox, Hans/Walker, Wolf-Dietrich: Allgemeines Schuldrecht, 39. Auflage, München 2015.

Brox, Hans/Walker, Wolf-Dietrich: Besonderes Schuldrecht, 39. Auflage, München 2015.

Degenhart, Christoph: Staatsrecht I. Staatsorganisationsrecht. Mit Bezügen zum Europarecht, 30. Auflage, Heidelberg, München, Landsberg, Frechen, Hamburg 2014.

Detterbeck, Steffen: Allgemeines Verwaltungsrecht mit Verwaltungsprozessrecht, 14. Auflage, München 2016.

Detterbeck, Steffen: Öffentliches Recht. Ein Basislehrbuch zum Staatsrecht, Verwaltungsrecht und Europarecht mit Übungsfällen, 10. Auflage, München 2015.

Epping, Volker: Grundrechte, 5. Auflage, Berlin, Heidelberg 2012.

Gramm Christoph/Pieper, Stefan Ulrich: Grundgesetz: Bürgerkommentar, 3. Auflage, Baden-Baden 2015.

Gröpl Christoph: Staatsrecht I. Staatsgrundlagen, Staatsorganisation mit Einführung in das juristische Lernen, 7. Auflage, München 2015.

Haase, Richard/Keller, Rolf: Grundlagen und Grundformen des Rechts. Eine Einführung, 11. Auflage, Stuttgart 2003.

Herdegen, Matthias: Europarecht, 17. Auflage, München 2015.

Hillgruber, Christian/Goos, Christoph: Verfassungsprozessrecht, 3. Auflage, Heidelberg, München, Landsberg, Frechen, Hamburg 2011.

Hobe, Stephan: Europarecht, 8. Auflage, München 2014.

Hoffmann-Holland, Klaus: Strafrecht. Allgemeiner Teil, 2. Auflage, Frankfurt am Main 2011.

Jäger, Christian: Examens-Repetitorium. Strafrecht Allgemeiner Teil, 7. Auflage, Heidelberg, München, Landsberg, Frechen, Hamburg 2015.

Jäger, Christian: Examens-Repetitorium. Strafrecht Besonderer Teil, 6. Auflage, Heidelberg, München, Landsberg, Frechen, Hamburg 2015.

Kindler, Peter: Grundkurs Handels- und Gesellschaftsrecht, 7. Auflage, München 2014.

Leipold, Dieter: Erbrecht, 20. Auflage, Tübingen 2014.

Lorenz, Stephan/Medicus, Dieter: Schuldrecht. Allgemeiner Teil, 20. Auflage, München 2012.

Meier, Bernd-Dieter: Strafrechtliche Sanktionen, 4. Auflage, Berlin, Heidelberg 2015.

Model, Otto/Creifels, Carl (Begr.): Staatsbürger-Taschenbuch, 33. Auflage, München 2012.

Pieroth, Bodo/Schlink, Bernhard/Kniesel, Michael: Polizei- und Ordnungsrecht, 8. Auflage, München. 2014.

Reichold, Hermann: Arbeitsrecht, 4. Auflage, München 2012.

Roth, Günther/Weller, Mark-Philippe: Handels- und Gesellschaftsrecht, 8. Auflage, München 2013.

Schwab, Dieter: Familienrecht, 22. Auflage, München 2014.

Wertenbruch, Johannes: BGB. Allgemeiner Teil, 3. Auflage, München 2014.

Wessels, Johannes/Beulke, Werner/Satzger, Helmut: Strafrecht. Allgemeiner Teil. Die Straftat und ihr Aufbau, 44. Auflage, Heidelberg, München, Landsberg, Frechen, Hamburg 2014.

Wolf, Manfred/Wellenhofer, Marina: Sachenrecht, 29. Auflage, München 2014.

主编：

吉尔伯特·H·高尼希教授，法学博士，任职于马尔堡大学，教授公法、国际法与欧盟法。

汉斯-戴特莱福·霍恩教授，法学博士，任职于马尔堡大学，教授公法（国家法与宪法为主）、行政法与欧盟法。

作者：

卡罗琳·高尼希，Ref. iur.，2009年至2013年于吉森大学研习法学，2013年秋通过黑森州第一次司法考试，现于埃尔郎根-纽伦堡大学攻读博士学位。

康丝坦茨·霍恩，LL.M.，Ref. iur.，2009年至2014年于弗莱堡大学研习法学，2014年夏通过巴登-符腾堡州第一次司法考试，此后在布里斯托尔大学（英国）学习一年并取得LL.M.学位。2016年完成在法兰克福州高级法院的第二次国家司法考试准备工作。

译者：

郑昊，LL.M.（马尔堡菲利普大学/德国），武汉大学/中国。

朱海迷，LL.M.（马尔堡菲利普大学/德国），武汉大学/中国。

www.ingramcontent.com/pod-product-compliance
Ingram Content Group UK Ltd.
Pitfield, Milton Keynes, MK11 3LW, UK
UKHW021842210426
5322IPUK00022B/413